CONNAITRE ET COMPRENDRE LA LEGION D'HONNEUR

Jean-Claude GUEGAND

V. 3.0

2018-2022

L'AUTEUR

Jean-Claude GUEGAND, professeur agrégé d'anglais honoraire, est officier de la Légion d'honneur et officier des Palmes académiques.

Il fut, pendant une dizaine d'années, secrétaire de la Section du Pas-de-Calais de la Société d'entraide des membres de la Légion d'honneur (SEMLH)

Il est actuellement vice-président honoraire du Comité d'Arras de la Société des membres de la Légion d'honneur (SMLH).

Autres publications chez Amazon

Connaître et comprendre la Légion d'honneur
 (Kindle eBook (livrel) chez Amazon, 2014)

Connaître et comprendre la grammaire anglaise
(Kindle eBook (livrel) chez Amazon, 2015)

Connaître et comprendre la grammaire anglaise
(Broché chez Amazon, 2018)

AVANT-PROPOS

« Il faut apprendre pour connaître,
connaître pour comprendre,
comprendre pour juger. »
Nârada

La Légion d'honneur a aujourd'hui 220 ans.

Elle a connu deux empereurs, trois rois et quatre républiques.

Elle fut tour à tour ordre impérial, ordre royal et enfin ordre national.

Sa création est l'œuvre d'un homme : Napoléon Bonaparte, Premier consul, puis Consul à vie, devenu Napoléon 1er, Empereur des Français.

Elle a connu maints aléas au fil des régimes qui se sont succédé, mais elle a su perdurer et garder, tant en France qu'à l'étranger, une aura incontestable.

Pourtant, les Français, qui, tous, disent la connaître et savoir qu'elle est la plus haute distinction française, n'ont de cesse de commenter, parfois avec acrimonie, les nominations et les promotions qui paraissent au Journal officiel et sont rapportées dans tous les médias.

On constate que c'est très rarement l'institution en soi qui est contestée, mais plutôt la pertinence des choix qui ont été faits, et ce, avec des arguments plus ou moins contestables : la Légion d'honneur serait « donnée à tout le monde » et, bien sûr, « à n'importe qui ». Elle « rapporterait gros ». Il faudrait verser dans de mystérieuses « magouilles » pour l'obtenir… Et d'aucuns de regretter un passé où tout était clair et les heureux récipiendaires incontestables et incontestés.

Ces attitudes, d'ailleurs très minoritaires, témoignent d'une méconnaissance navrante de la réalité.

L'auteur fournit au grand public une vision aussi objective que possible de notre premier ordre national, qui réunit en son sein des Français de bonne volonté qui ont œuvré et se sont dépassés, chacun à leur place, pour la gloire et le progrès de notre pays.

Cet ouvrage n'a d'autre ambition que de faire

- **connaître** les origines de la Légion d'honneur, les étapes de son évolution, ses règles actuelles
- **comprendre** les raisons de sa longévité et les fondements de sa gloire qui n'a jamais fléchi au cours des siècles.

Il décrit la Légion d'honneur d'hier et d'aujourd'hui, ses usages et ses traditions, ses institutions annexes, en s'efforçant de dégager les constantes historiques qui ont façonné l'ordre qui a inspiré tant de récompenses nationales de par le monde.

Dans la présente édition, un chapitre entier est consacré aux réformes introduites au XXIe siècle. Elles ne remettent pas en cause les fondements de l'institution, mais révèlent le souci d'adapter la Légion d'honneur aux mœurs de notre temps.

HISTOIRE DE L'ORDRE DE LA LEGION D'HONNEUR

On ne peut ni connaître, ni comprendre cette institution unique qu'est la Légion d'honneur si on n'a pas une idée précise de ses origines, de son évolution à travers les siècles et de sa place dans les divers régimes qui se sont succédé depuis sa création.

Le Directoire

Les origines

L'histoire de la Légion d'honneur s'inscrit dans le droit fil de celle des ordres de chevalerie. Ces ordres avaient été créés par divers Rois de France dès le Moyen-Âge.

Louis XI avait fondé l'ordre de Saint Michel en 1469, Henri III, l'ordre du Saint-Esprit en 1578. Mais c'est sans conteste l'ordre de Saint-Louis, fondé par Louis XIV en 1693 et réservé aux officiers de l'armée royale de religion catholique, qui est le plus souvent cité comme étant l'ancêtre de la Légion d'honneur, non seulement en raison de la couleur de son ruban, mais aussi et surtout parce qu'il tenait compte du mérite et non de la naissance.

La Révolution française avait peu à peu aboli toutes les décorations de l'Ancien Régime qui heurtaient son esprit égalitaire et ressemblaient trop à des privilèges liés à la royauté et à l'aristocratie.

L'article 1ᵉʳ de la Constitution du 30 juillet 1791 déclare que « *Tout ordre de chevalerie, toute corporation, toute décoration, tout signe extérieur qui suppose des distinctions de naissance, sont supprimés en France* ». Cependant, le même article ajoute : « *L'Assemblée se réserve de statuer s'il y aura une décoration nationale unique qui pourra être accordée aux vertus, aux talents, aux services rendus à l'État* », ce qui prouve bien que ce n'est pas le concept de récompense des services rendus qui choque l'esprit révolutionnaire, mais le fait qu'auparavant cette reconnaissance n'allait qu'aux classes privilégiées et était donc fondamentalement inégalitaire.

Le Directoire, pour exprimer sa reconnaissance aux soldats qui s'étaient illustrés sur les champs de bataille, avait institué les « armes d'honneur », dont l'usage avait été codifié par l'arrêté du 4 nivôse an VIII (25 décembre 1799) : fusil d'honneur aux grenadiers et soldats, baguettes d'honneur aux tambours, mousqueton ou carabine d'honneur aux troupes à cheval, trompette d'honneur aux trompettes, grenade d'or aux canonniers pointeurs, et sabre d'honneur aux officiers. La hache d'honneur fut ajoutée en l'an X pour récompenser les marins. On estime que 2100 armes d'honneur furent distribuées aux militaires les plus valeureux. Il faut préciser que les bénéficiaires de ces armes gravées à leur nom recevaient aussi un complément de solde et un brevet officiel.

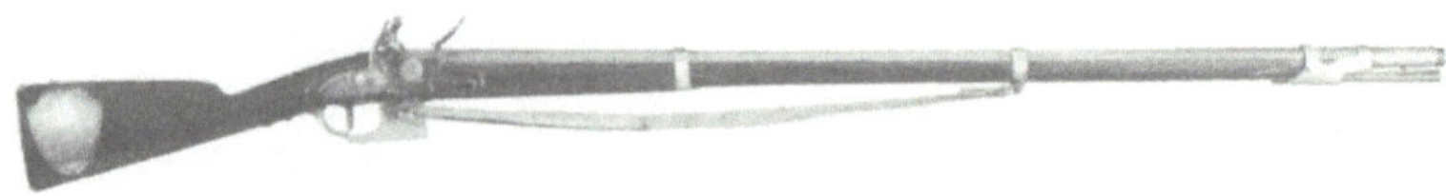

Le fougueux général Bonaparte, au cours des campagnes d'Italie et d'Égypte, avait très généreusement distribué nombre de ces armes d'honneur, car, proche de ses hommes, il avait compris leur besoin légitime de reconnaissance et la nécessité, pour un chef, de récompenser la bravoure des meilleurs d'entre eux.

Ces armes présentaient pourtant l'inconvénient de ne pouvoir être portées en toutes circonstances. Murat s'en ouvre à Bonaparte dans une lettre de 1801 et lui fait part du souhait de ses hommes : « *Ils m'ont donc demandé, les braves, de porter des médailles où seraient représentées les marques d'honneur que vous leur avez accordées* ».

Devenu Premier Consul, Bonaparte avait, par ailleurs, observé combien les Français étaient restés sensibles aux superbes décorations arborées par les envoyés étrangers reçus aux Tuileries.

Tous ces éléments firent germer en son esprit l'idée de créer une récompense nationale prestigieuse. Mais il fallait d'abord convaincre les réticents. L'entourage du Premier Consul était en effet assez divisé à l'idée de créer une décoration nationale :

- Il y avait d'abord ceux, comme Gaspard Monge, le célèbre mathématicien, premier inspecteur de l'École polytechnique, pour qui « *ces croix, ces plaques, ces cordons ne sont que du clinquant, de vérita-bles hochets.* » Bonaparte connaissait trop bien les hommes et leur désir parfaitement compréhensible de reconnaissance et d'honneur pour s'arrêter à ce jugement trop rationnel qui ignorait les émotions et les passions. Il faut croire qu'il fut éloquent

- puisque, tout opposé qu'il fût aux honneurs, Monge n'en terminera pas moins grand-officier de la Légion d'honneur…
- Il y avait ensuite ceux qui étaient attachés aux principes de la Révolution française. Lebrun, troisième consul, s'adressa à Bonaparte en ces termes : « *La base de la République est dans l'égalité ; en créant des distinctions, vous allez troubler l'ordre et détruire l'harmonie du nouvel édifice politique* ». C'était une objection sérieuse dont il sera tenu compte dans le serment que devront prêter les futurs légionnaires.
- Il y avait enfin ceux qui estimaient qu'on ne devrait décorer que les militaires dans l'esprit des ordres de chevalerie. Bonaparte expliqua en détail ce qui avait changé dans l'histoire des sociétés depuis le temps de la féodalité et conclut : « *Le propre des militaires est de tout vouloir despotiquement ; celui de l'homme civil est de tout soumettre à la discussion, à la vérité, à la raison.* »

La conclusion de Bonaparte fut qu'il fallait associer les mérites des uns et des autres puisque, tous, concourent à la grandeur du pays.

Les principes

Bonaparte, on le voit, était devenu un véritable homme d'état et c'est en tant que tel qu'il va aborder, avec clairvoyance, équité et habileté, la tâche de créer une décoration nationale unique dans l'histoire de la France.

Dès les premiers entretiens sur le sujet avec certains de ses collaborateurs, il défend l'idée d'un ordre national. Il déclare : « *La Constitution de 1791 avait bien fait de promettre des récompenses nationales. Il faut tenir sa promesse ; il faut créer un ordre qui soit le signe de la vertu, de l'honneur, de l'héroïsme, une distinction qui serve à la fois à la bravoure militaire et au mérite civil* ».

Ce concept est aussi génial que novateur :

- Il ne s'agit pas d'une simple décoration accordée une fois pour toutes en récompense des services rendus, mais d'un **ordre hiérarchique** dont les membres auront à cœur, après leur réception, **d'acquérir des mérites nouveaux** afin de pouvoir accéder à terme aux grades supérieurs. Ainsi, l'entrée dans l'ordre n'est pas un solde de tout compte, mais un commencement et un encouragement puissant à persévérer pour acquérir des mérites nouveaux, s'élever dans la hiérarchie de l'ordre… et ainsi encore mieux servir la Nation.
- L'ordre est **universel**, ouvert aux civils comme aux militaires. Bonaparte se refuse à créer, comme le souhaitaient beaucoup dans son entourage, une décoration purement militaire, car, déclare-t-il le 4 mai 1802 au Conseil d'État, « *Si l'on distinguait les hommes en*

militaires et en civils, on établirait deux ordres, tandis qu'il n'y a qu'une Nation. » Dire, comme on l'entend trop souvent, même aujourd'hui lors de remises d'insignes, que la Légion d'honneur était autrefois une décoration uniquement militaire est donc une erreur majeure qui révèle une méconnaissance complète de la philosophie politique de son créateur.

- Enfin, le nouvel ordre récompense à vie des mérites acquis **individuellement** et non pas transmis par le renom de la famille au sein de laquelle on est né ; et c'est pour éviter tout amalgame avec les anciens ordres aristocratiques que le terme de « *chevalier* » sera écarté jusqu'en 1808 au profit du titre de « *légionnaire* » pour désigner le premier grade de l'ordre. Aujourd'hui encore les membres de la Légion d'honneur, quel que soit leur grade, sont appelés « *légionnaires* ».

Une commission présidée par Cambacérès élabora, au pas de charge, un projet de loi qui, en dépit de résistances diverses, de quatre séances du Conseil d'état et d'un système compliqué de navettes entre le Corps législatif et le Tribunat, fut présenté au corps législatif le 25 floréal an X (15 mai 1802) par Roederer qui rappela les motifs de la création de La Légion d'honneur :

Celle-ci « *doit être une institution auxiliaire de toutes nos lois républicaines et servir à l'affermissement de la Révolution* »

- Elle « *paie aux services militaires comme aux services civils le prix du courage qu'ils ont tous mérité ; elle les confond dans la même gloire, comme la nation les confond dans la même reconnaissance.* »
- Elle efface « *les distinctions nobiliaires qui plaçaient la gloire héritée avant la gloire acquise… ».*
- « *C'est une institution morale qui ajoute de la force et de l'activité à ce ressort de l'honneur qui meut si puissamment la nation française.* »

Le rapporteur poursuit par un principe qui porte la marque de l'époque et de l'ambition de Bonaparte : « *C'est une institution politique qui place dans la société des intermédiaires par lesquels les actes du pouvoir sont traduits à l'opinion avec fidélité et bienveillance, et par lesquels l'opinion peut remonter jusqu'au pouvoir.* »

On voit que « *Déjà Napoléon perçait sous Bonaparte* », comme l'écrivit plus tard Victor Hugo, et que l'institution de la Légion d'honneur faisait partie, pour son créateur, d'un vaste projet de société.

Le rôle politique de ce corps intermédiaire, n'est plus transposable à la société d'aujourd'hui, où l'on a librement accès à l'éducation et à l'information, mais, il était le souci de communication politique compréhensible à une époque où nombre de citoyens ne savaient pas lire et où l'information ne pénétrait pas toutes les couches de la société. Il n'en reste pas moins vrai que ce dispositif ne pouvait que renforcer le pouvoir central.

On comprend aussi pourquoi, jusqu'en 1870, les légionnaires devaient prêter serment comme nous le verrons plus loin.

La loi est adoptée le 29 floréal an X (19 mai 1802) et proclamée « *loi de la République* » par le décret signé le 9 prairial an X (29 mai 1802), soit seulement trois mois après le début des travaux.

Voilà qui en dit long sur l'importance que le Premier Consul accordait à la Légion d'honneur.

Le Consulat

La création de l'ordre

Par la loi du 29 floréal an X (29 mai 1802), il sera formé « *une Légion d'honneur* ». Elle était composée d'un **grand conseil d'administration** de 7 membres et de quinze (puis seize) **cohortes** auxquelles étaient affectés des biens nationaux portant 200 000 francs de rentes.

Sur le territoire de chaque cohorte devaient se trouver « *un hospice et des logements pour recueillir, soit les membres de la Légion que leur vieillesse, leurs infirmités ou leurs blessures auraient mis dans l'impossibilité de servir l'État, soit les militaires qui, après avoir été blessés dans la guerre de la liberté, se trouveraient dans le besoin* » (Titre premier - Article 9).

L'organisation primitive de l'ordre

Bonaparte organise aussitôt le grand conseil d'administration qui comprend, de droit, les trois consuls : Bonaparte, Cambacérès et Lebrun ; le Sénat désigne le général Kellermann, le Tribunat Lucien Bonaparte, le Conseil d'état Joseph Bonaparte. Le corps législatif n'étant plus en session, Bernard Germain Étienne de Lacépède est désigné comme septième membre.

L'une des premières tâches du Grand conseil d'administration fut de nommer un grand chancelier. Ce fut Lacépède.

Violoncelliste, compositeur, musicologue à l'origine, puis zoologiste, cet intellectuel, aussi brillant qu'éclectique, avait été l'ami et le collaborateur de Buffon et avait enseigné au Muséum. Plus tard, il était devenu un fidèle du général Bonaparte et avait été élu président du Sénat sous le Consulat.

Il restera grand chancelier jusqu'à la fin de l'Empire et le redeviendra pendant les Cent-jours.

Il sera le premier et l'unique grand chancelier **civil** de toute l'histoire de la Légion d'honneur, si l'on excepte le très controversé abbé de Pradt pendant la première Restauration.

L'Empire

Premier Consul de 1799 à 1804, année où il deviendra l'Empereur héréditaire des Français, Bonaparte conçoit donc, puis organise avec méthode l'ordre de la Légion d'honneur.

Mise en place de la Légion d'honneur

Dès sa nomination, le grand chancelier Lacépède se met donc au travail pour organiser l'Ordre.

Travailleur infatigable, il mène de front plusieurs grandes tâches.

Le Siège

Lacépède se met en quête d'un édifice qui sera le siège de la grande chancellerie. L'hôtel de Salm construit en 1782-87 par le prince Frédéric de Salm Kyrbourg sera finalement acheté le 3 mai 1804. Le bâtiment est en très mauvais état et sa restauration exigera beaucoup de temps, d'argent et d'énergie.

 L'hôtel de Salm abrite encore aujourd'hui, la grande chancellerie au 1 rue de Solferino 75007 Paris, ainsi que le musée de la Légion d'honneur au 2 rue de la Légion d'honneur 75007 Paris.

Les premières nominations

Il échoit au grand chancelier de faire procéder aux premières nominations.

Selon l'article premier, titre II, de la loi de fondation, tout d'abord, « *Sont membres de la Légion tous les militaires qui ont reçu des armes d'honneur* ».

Pour les autres nominations, Lacépède s'attache au traitement individuel des dossiers et à la rédaction des listes qui se succèdent jusqu'en 1804. Non seulement ce bourreau de travail étudie chaque cas individuellement, mais il joint une lettre de félicitation personnelle à chacun des récipiendaires.

Finalement, 9172 dossiers seront retenus : 90% de militaires et 10% de civils.

L'insigne de la Légion d'honneur

La Légion et ses cohortes ayant vu le jour, il fallait songer à leur phalère.

À l'instar des généraux romains qui décernaient aux plus valeureux de leurs hommes un petit disque de métal précieux porté sur la poitrine suspendu à une lanière de cuir, pour les désigner à la reconnaissance populaire, il fallait au nouvel ordre un insigne. On se perd en conjectures sur l'origine de l'étoile. Peut-être est-elle inspirée de l'astre qui figurait sur les premières armoiries des Bonaparte. Le peintre David en aurait, dit-on, fourni les premières esquisses.

C'est, en tout cas, le bijoutier Halbout qui en produira le premier modèle : une étoile émaillée de blanc à 5 rayons doubles entourée d'une couronne de feuillage avec, au centre, un médaillon d'or ceinturé d'émail bleu portant, à l'avers, le profil de Napoléon entouré de la légende « NAPOLÉON, EMPEREUR DES FRANCAIS », et, au revers, une aigle, tête tournée à gauche, cerclée de la devise « HONNEUR ET PATRIE ». L'étoile est suspendue à un ruban moiré rouge, héritier de celui de l'Ordre de Saint-Louis.

Le second modèle impérial (1806) sera surmonté de la couronne impériale.

Le troisième (1808) sera une étoile plus grande munie d'une couronne mobile à 8 branches.

Une dizaine de variantes de cette « étoile » qui fut par la suite appelée « croix » se succèderont jusqu'à nos jours.

Les insignes distinguent les grades et dignités. À l'origine, il y a deux médailles : le petit aigle (étoile d'argent) des légionnaires, l'aigle d'or des officiers, commandants et grands officiers.

En 1805, il est ajouté le « grand aigle », nommé ensuite « grande décoration », puis « grand cordon ». Ce grade suprême est destiné aux plus hauts dignitaires de l'ordre et aussi aux souverains et dignitaires étrangers dont il est important de s'attirer les bonnes grâces.

Après l'Empire, cet ultime échelon portera, comme nous le verrons, le nom de Grand' Croix.

En 1808, par le décret du 1er mars, article II, « *les membres de la Légion d'honneur, et ceux qui à l'avenir obtiendront cette distinction, porteront le titre de chevalier* ».

L'ordre de la Légion d'honneur comprend donc à la fin de l'Empire trois grades : chevalier, officier, commandant et deux dignités : grand officier et grand cordon. Cette hiérarchie à cinq paliers existe toujours, même si certains titres seront modifiés en 1816, lors de la Restauration, pour prendre les dénominations qui ont encore cours aujourd'hui.

Les premières remises d'insignes

Les nominations effectuées, il faut maintenant procéder à la réception dans l'ordre des nouveaux nommés.

Le décret du 24 messidor an XII (13 juillet 1804) instaure un protocole qui réglemente les cérémonies, les préséances, les honneurs civils et militaires.

À Saint-Louis des Invalides

Napoléon souhaitait, symboliquement, remettre les premiers insignes le 14 juillet 1804 aux plus hauts personnages du pays. Mais, comme c'est un samedi, jour qui ne permettait pas au peuple d'être témoin de cette cérémonie, ce sera finalement la date du dimanche 15 juillet 1804 qui sera retenue.

Ce jour-là, en Saint-Louis des Invalides, l'Empereur, accompagné de l'Impératrice Joséphine, qui apparaissait pour la première fois dans une cérémonie publique, assiste à l'office, lequel, il faut le souligner, sera boudé par une soixantaine d'officiers dont Augereau, ardent républicain, qui avait eu de la difficulté à accepter le coup d'état du 18 Brumaire.

Le sermon est remplacé par un discours du grand chancelier Lacépède qui se termine par ces mots : « *Honneur, Patrie, Napoléon ! Soyez à jamais la devise sacrée de la France et le gage de son éternelle prospérité* ».

Les grands officiers du nouvel ordre prêtent alors serment, appelés par le grand chancelier. Puis Napoléon s'adresse aux autres grades : « *Commandants, officiers et légionnaires, vous jurez sur votre honneur de vous dévouer au service de l'Empire et à la conservation de son territoire dans son intégrité, à la défense de l'Empereur, des lois de la République et des propriétés qu'elle a consacrées, de combattre par tous les moyens que la justice, la raison et les lois autorisent, toute entreprise qui tendrait à rétablir le régime féodal ; enfin, vous jurez de concourir de tout votre pouvoir au maintien de la liberté et de l'égalité, bases premières de nos institutions. Vous le jurez ? »*. La réponse fut, bien entendu, un unanime « Je le jure ! », suivi de cris de « Vive l'Empereur ! ».

On voit que le serment porte tout à la fois sur :

- les principes de liberté et d'égalité hérités de la Révolution
- la rupture avec l'Ancien Régime
- la fidélité à la personne de l'Empereur.

Il est à noter que le serment de fidélité, adapté au régime en vigueur, fut exigé des légionnaires jusqu'en 1870, puis supprimé par la Troisième République. Il fit un bref retour de 1941 à 1944, sous le Régime de Vichy, pour les raisons que l'on devine…

Puis ce fut la distribution des insignes, symboliquement par ordre alphabétique, au grand étonnement du célèbre capitaine Coignet, figure populaire, modèle de courage et d'initiative au combat, qui fut étonné et ravi de se voir appeler avant ses propres officiers qui venaient après lui dans l'ordre alphabétique.

Enfin, un Te Deum retentit dans la nef, mettant fin à cette cérémonie grandiose.

Cette journée mémorable se terminera par un feu d'artifice et un concert dans le jardin des Tuileries, à l'intention du peuple de Paris.

Au camp de Boulogne

Après la réception dans l'ordre des grands noms de l'Empire, Napoléon souhaita honorer les moins connus, mais non les moins braves, de son armée, ceux dont il voulait faire une élite véritablement populaire.

Le 16 août 1804, dans le vallon de Terlincthun, à côté de Boulogne-sur-Mer où la Grande Armée s'activait aux préparatifs d'invasion de l'Angleterre, l'Empereur vint procéder à la décoration de quelque 2000 soldats et 13 civils.

La duchesse d'Abrantès, épouse de Junot, rapporte avec précision dans ses mémoires (Tome V, Chapitre VI) les détails de cette cérémonie somptueuse, soigneusement mise en scène, car destinée à marquer les esprits dans l'ensemble de la nation : « *Dans une vallée taillée par la nature comme un cirque naturel, étaient placés soixante mille hommes sur plusieurs rangs et par échelons. La vallée était faite de manière qu'ils étaient en amphithéâtre et pouvaient être vus de la mer, dont les flots venaient se briser au pied de la tour d'Ordre. En face d'eux était le trône, auquel ils parvenaient par un escalier fort doux dans sa montée. »*

Près du trône, sur une estrade ornée de drapeaux pris à l'ennemi et surmontée d'une couronne d'or, la musique, qui ne comptait pas moins de 1800 tambours.

Les insignes à distribuer étaient placés dans un casque et un bouclier ayant appartenu, disait-on, à du Guesclin et à Bayard.

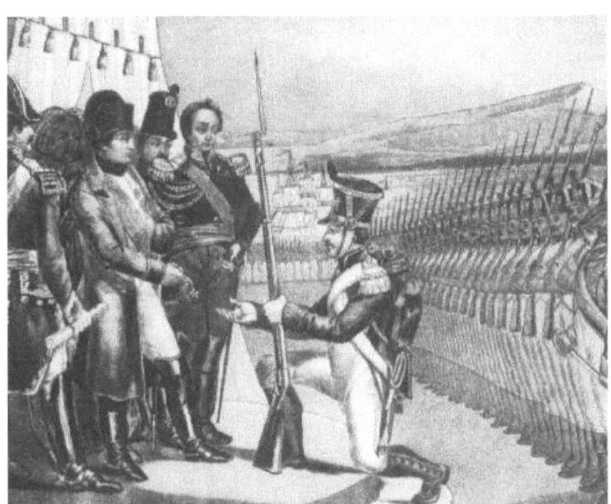

Après le discours du grand chancelier Lacépède, les récipiendaires prêtèrent serment et la distribution commença, par grade dans la Légion d'honneur et, l'Empereur y tenait, par ordre alphabétique, indépendamment des grades dans l'armée. Il est à noter que l'armée de terre et la marine furent récompensées à parts égales, plan d'invasion de l'Angleterre oblige !

Pour la petite histoire, des navires anglais vinrent échanger quelques salves avec la marine française au cours de la cérémonie, peut-être pour se rappeler au bon souvenir de l'Empereur.

Ce fut l'occasion d'un ajout pittoresque à la grande distribution d'insignes, puisque, en rentrant à Boulogne, l'Empereur, raconte le baron de Marbot dans ses mémoires, avisant un brick anglais qui venait narguer la batterie derrière laquelle il passait avec ses maréchaux, écarta un chef de pièce, pointa le mortier… et rata sa cible, de peu. Le général Marmont ne fut pas plus heureux. Le caporal, récupérant sa pièce pointa à son tour et coula le bâtiment ennemi. Napoléon attacha immédiatement la croix à l'habit de l'adroit artilleur…

La journée se termina par un immense défilé, qui dura plus de trois heures en dépit de la pluie qui s'était mise à tomber.

La stèle de la Légion d'honneur (1856) et la Colonne de la Grande Armée (1841) rappellent aujourd'hui cette deuxième remise d'insignes, évènement fondateur, car, après la décoration des grandes personnalités civiles à Paris, elle consacrait celle des hommes issus du peuple qui s'étaient couverts de gloire sur les champs de bataille et inscrivait à jamais dans le cœur du peuple français la Légion d'honneur, décoration unique, récompense suprême de tous les mérites.

L'évolution du serment

Un serment fut exigé des récipiendaires lors de la cérémonie de réception dans l'ordre jusqu'en 1870.

Il n'est pas superflu de rappeler ici l'évolution du texte que devait prononcer chaque membre sous l'Empire.

Sous le Consulat, le serment prévu à l'origine était très général. Il fallait s'engager à défendre la République, son territoire et ses principes : « *Je jure sur mon honneur de me dévouer au service de la République, à la conservation de son territoire et de son intégrité, à la défense de son Gouvernement, de ses lois et des propriétés qu'elles ont consacrées, de combattre par tous les moyens que la Justice, la raison et les lois autorisent, toute entreprise tendant à rétablir le régime féodal, à reproduire les titres et qualités qui en étaient l'attribut ; enfin de concourir de tout mon pouvoir au maintien de la Liberté et de l'Égalité. »* Il ne sera jamais prononcé en ces termes, puisque les premières nominations se feront sous l'Empire.

Sous l'Empire, de 1804 à 1811, le serment prononcé par les premiers Légionnaires remplaça naturellement le mot *République* par *Empire* et ajoute *« la défense de l'Empereur »*.

Du 20 mars 1811, naissance du Roi de Rome, au 11 avril 1814 et pendant les Cent-Jours, le serment devient un véritable acte de sujétion politique à la nouvelle dynastie : *« Je jure d'être fidèle à l'Empereur et à sa dynastie : je promets sur mon honneur de me dévouer à son service, à la défense de sa personne et à la conservation du territoire de l'Empire dans son intégrité, de n'assister à aucun conseil ou réunion contraire à la tranquillité de l'État ; de prévenir Sa Majesté de tout ce qui se tramerait, à ma connaissance, contre son honneur, sa sûreté ou le bien de l'Empire .»*

Le rêve dynastique de Napoléon s'effondra en 1814-1815. Mais l'Empereur y avait intégré la Légion d'honneur puisque le décret du 1er mars 1808 concernant les titres stipule dans son article 11 que *« les membres de la légion d'honneur, et ceux qui à l'avenir obtiendront cette distinction, porteront le titre de chevalier. »* L'article 12 ajoute que *« ce titre est transmissible à la descendance directe et légitime, naturelle ou adoptive, de mâle en mâle, par ordre de primogéniture, de celui qui en aura été revêtu, en se retirant devant l'archi-chancelier de l'empire, afin d'obtenir à cet effet nos lettres-patentes, et en justifiant d'un revenu net de trois mille francs au moins. »*

Le fondateur de l'ordre est ici bien loin de l'esprit qui était le sien lors de la création de la Légion d'honneur, car les mérites qui ont été acquis individuellement par le père ne sauraient se transmettre automatiquement au fils et, en sus, il faut avoir un revenu confortable pour doter son fils de cet avantage digne de l'Ancien Régime. Le principe fondamental du mérite personnel se trouvait trahi et avec lui l'esprit de la Révolution française.

Heureusement, ces dispositions ne se sont pas réalisées et l'esprit de la Légion d'honneur n'a ainsi pas été perverti par le rêve dynastique de son créateur.

Les cohortes

La loi fondatrice du 29 floréal an X (19 mai 1802) organisait, rappelons-le, une Légion d'honneur divisée en « ***cohortes*** » dotées de biens nationaux portant 200 000 francs de rente. Derrière ce terme hérité de l'armée romaine (dont chaque légion était divisée en 10 cohortes de 600 hommes environ), se cache un ambitieux projet de création d'un véritable corps intermédiaire de l'État.

Ces cohortes avaient chacune à leur tête un chef prestigieux (14 maréchaux d'Empire et 2 vice-amiraux) et étaient administrées par un chancelier et un trésorier. Chacune d'elles était composée de 7 grands officiers, 20 commandants, 30 officiers et 350 légionnaires. Elles étaient chargées de payer les traitements de leurs membres, de gérer leur hospice et leur maison de retraite.

Sur le papier, ces cohortes étaient riches, puisque leur ensemble en faisait le premier propriétaire foncier de France.

En réalité, les cohortes, qui devaient créer une fraternité, une solidarité entre légionnaires et un appui sûr pour le pouvoir, n'eurent jamais les moyens de faire face à leurs obligations à l'exception notoire de la 15ème cohorte, dont le chef était Augereau, sise au château de Chambord, qui bénéficiait d'un domaine d'un seul tenant.

Les raisons de cet échec sont multiples. Les principales sont :

- la médiocrité des biens nationaux qui restaient en 1802 : bâtiments vétustes et terres dispersées et infertiles
- le développement de la Légion d'honneur qui comptait environ 32 000 membres vivants en 1814
- la générosité des traitements : de 250 à 3000 Francs selon le grade, sommes qui permettaient à l'époque, même pour un simple chevalier, de vivre dignement et confortablement.

Finalement, le 28 février 1809, les cohortes seront rattachées à l'administration centrale et disparaîtront de fait.

Les Maisons de la Légion d'honneur

Les Maisons proprement dites

Dès 1805, l'Empereur avait pensé à créer une institution réservée aux filles de légionnaires. Si les garçons pouvaient suivre la voie toute tracée des Lycées et des Écoles, les filles devaient, elles aussi, avoir leur avenir assuré. Ce fut l'objet des Maisons de la Légion d'honneur.

La première fut établie en 1807 au Château d'Écouen et ce fut une ancienne femme de chambre de Marie-Antoinette, Madame Campan, qui en devint la « Surintendante ».

Il faut rappeler que cette dernière avait fondé un pensionnat de jeunes filles à Saint-Germain-en-Laye où elle avait eu pour élèves deux sœurs de Napoléon et ses filles adoptives Hortense et Stéphanie de Beauharnais.

Très satisfait du résultat, Napoléon fit ouvrir par le grand chancelier Lacépède une deuxième Maison à l'Abbaye de Saint-Denis, dirigée par Madame du Bouzet.

L'Empereur tenait manifestement à faire de ces demoiselles de bonnes épouses pour ses glorieux soldats. Il écrivit en 1807 au grand chancelier « *Presque toute la science qui sera enseignée doit être celle de l'Évangile. Je désire qu'il en sorte non des femmes agréables, mais des femmes vertueuses, que leurs agréments soient de mœurs et de cœur* ». Il ne veut point de femmes trop savantes : « *une bonne connaissance de la langue, un peu de géographie et d'histoire, mais bien se garder de leur montrer le latin, ni aucune langue étrangère* ». Il ajoute néanmoins : « *On peut enseigner aux plus âgées un peu de botanique et leur faire un léger cours de physique et encore tout cela peut-il avoir des inconvénients* ». En revanche, les travaux manuels occupent les trois-quarts de la journée des élèves et les arts sont représentés uniquement par la danse, qui sert également d'éducation physique, et la musique vocale.

Les Maisons d'orphelines de la Légion d'honneur

Un décret du 15 juillet 1810 institue six Maisons ou Couvents « *destinés à recueillir et à élever les orphelines dont les pères sont morts officiers ou chevaliers de la Légion d'honneur, ou à notre service dans quelque grade que ce soit, pour la défense de l'État, ou dont les mères étant mortes, les pères sont appelés par notre service hors de l'Empire* ». L'enseignement dispensé est essentiellement pratique. Les maisons sont placées sous la protection de la Reine Hortense et dirigées par « *la congrégation religieuse existant sous le nom de Dames de la Congrégation des Orphelines. L'établissement formé à Paris sous le titre de Maison de la Mère de Dieu sera le chef-lieu de la Congrégation* ».

Finalement, seulement trois établissements seront ouverts : en 1811, à Paris, à l'Hôtel de Corberon dans le Marais et dans l'ancien Couvent des Loges en forêt de Saint-Germain et, en 1813, dans l'Abbaye de Barbeaux près de la Forêt de Fontainebleau.

Les projets de l'abbaye des Prémontrés à Pont-à-Mousson et du Mont Valérien ne verront jamais le jour.

Aujourd'hui, il ne subsiste de tout cela que deux Maisons d'éducation de la Légion d'honneur : l'une à Saint-Denis (Lycée et classes préparatoires) et la seconde aux Loges, en Forêt de Saint-Germain (Collège).

À la fin de l'Empire, la Légion d'honneur était donc une institution étroitement liée à Napoléon qui l'avait imaginée, créée en un temps record, structurée rationnellement et organisée en un ensemble complet et cohérent qui prenait en compte les intérêts des légionnaires et de leurs enfants.

L'ordre jouissait, dans toutes les couches de la population, d'un prestige unique que même la création d'autres ordres napoléoniens, comme l'ordre des Trois Toisons, qui ne fut jamais décerné ou l'ordre de la Réunion (1811), qui compta seulement 1622 membres, ne vint ternir.

L'ordre de la Légion d'honneur avait établi une véritable méritocratie ouverte à tous les mérites et aux mérites de tous.

Les dispositions concernant la transformation de cette méritocratie en aristocratie héréditaire disparurent avec la chute de l'Empire et l'essence de l'institution fut préservée.

Qu'allait-il advenir de cette remarquable institution à la chute de l'Empire ?

On ne peut entrer dans le détail de l'histoire de la Légion d'honneur au cours de cette longue période qui va de l'Empire à nos jours, période qui connut trois rois, un empereur et quatre républiques.

Force nous est de nous limiter aux principales évolutions que subit l'ordre pour s'adapter aux événements et parfois aux revirements de l'Histoire et ainsi perdurer jusqu'à nos jours.

De la Restauration au Second Empire (1814 – 1870)

Pour bien comprendre cette période, attachons-nous d'abord à la période 1814-1870 qui va de la fin de Premier Empire à la fin du Second Empire :

Il y avait tout lieu de craindre qu'à la chute de l'Empire en 1814, cette prestigieuse création qu'était la Légion d'honneur ne survive pas, au profit des anciens ordres aristocratiques qui ne manqueraient pas d'être rétablis.

Après l'abdication de Napoléon, le gouvernement provisoire maintint la Légion d'Honneur. On ne pouvait, en effet, se mettre à dos les quelque 35000 membres qui avaient représenté l'élite de la nation et qui, pour nombre d'entre eux, restaient profondément fidèles à l'Empereur.

Le nouveau souverain, Louis XVIII, avec clairvoyance et prudence, adopta la même attitude.

La Première Restauration : Louis XVIII (1814 – 1815)

Le Roi Louis XVIII, dans l'ordonnance du 19 juillet 1814 qui définit les nouvelles règles qui régiront la Légion d'honneur, veut se montrer magnanime… et prudent.

Dans le préambule, le Roi veille à rassurer les membres de la Légion d'honneur, tout en soulignant sa légitimité : « *Dès que la providence nous eut replacé sur le trône de nos ancêtres au milieu des acclamations d'un peuple que notre cœur a toujours chéri, nous nous fîmes un devoir de maintenir la Légion d'honneur qui récompense, d'une manière analogue aux mœurs des Français, tous les genres de services rendus à la Patrie.* »

L'ordonnance assure tout d'abord la continuité :

- Le texte approuve et confirme l'institution de la Légion d'honneur.
- Le Roi se déclare chef souverain et « Grand Maître de l'ordre ».
- Il maintient les prérogatives honorifiques attribuées à la Légion d'honneur et à ses membres.

On passe ensuite à des changements plus profonds :

- Il est évident que le profil de Napoléon 1er qui figure sur l'insigne ne peut être gardé : il sera remplacé par celui du bon roi Henri IV à l'avers, choix consensuel s'il en est, et au revers trois fleurs de lys avec en exergue *« Honneur et Patrie »*
- Dans leur serment, les nouveaux membres jureront simplement *« d'être fidèles au Roi, à l'Honneur et à la Patrie »*.

- Les titulaires actuels gardent leur traitement, mais celui-ci restera fixe, même en cas de promotion, et les nouveaux membres n'auront plus de traitement.
- Le grand conseil, la grande trésorerie, les maisons d'orphelines et la Maison d'Ecouen sont supprimés.

Le Roi désigna un nouveau grand chancelier en la personne de Dominique Dufour de Pradt, archevêque de Malines, personnage controversé qui, heureusement, sera remplacé six mois plus tard par le comte Louis de Bruges, un général d'émigration.

Le Roi rétablit parallèlement les ordres royaux :

- L'ordre du Saint-Esprit (100 membres issus de la haute noblesse)
- L'ordre de Saint-Michel (100 membres uniquement civils)
- L'ordre de Saint-Louis réservé aux militaires.

Il portera les insignes de ces ordres et n'arborera la Légion d'honneur que pour repartir en exil lors des Cent-Jours, accompagné d'ailleurs par le maréchal Mortier, chef de la 2ème Cohorte qui a son Siège à Arras.

Cependant, malgré la pression des ultras qui voulaient obtenir la suppression de la Légion d'honneur, le roi tint bon. Mais la famille royale distribua des Légions d'honneur à ses fidèles partisans à un rythme effréné : 10 000 décorations en 8 mois, réservant les ordres royaux à la noblesse.

Cette démagogie de l'entourage du Roi dévalorisait l'ordre et eut pour conséquence évidente, au-delà des cas de mérites authentiques, de récompenser politiquement des partisans de la Royauté, de rallier aussi une foule de courtisans et d'arrivistes, ce qui ne manqua pas de révulser les hommes honorés par l'Empire, dont les mérites étaient incontestables.

En cette période de tous les dangers, c'est finalement son renom et son universalité qui sauva la Légion d'honneur : elle récompensait civils et militaires de toutes origines sociales et jouissait d'un éclat incomparable auprès de la grande majorité de la nation.

Les Cent-Jours (1815)

Napoléon, à son retour de l'Île d'Elbe, supprima, par le décret du 13 mars 1815, toutes les décorations qui n'avaient pas été signées de la main du grand chancelier Lacépède, et il s'attacha à récompenser ses propres fidèles. Il eut aussi la sagesse, dans l'article III, de prévoir le réexamen des titres accordés par Louis XVIIII, afin de ne pas léser ceux qui avaient des mérites incontestables.

La Seconde Restauration : Louis XVIII
(1815 – 1824)

Après les Cent-Jours, Louis XVIII garda, naturellement, les ordres royaux du Saint-Esprit, de Saint-Michel et de Saint-Louis. Mais, avec sagesse, il préserva la Légion d'honneur, pour les mêmes raisons que lors de la Première Restauration.

Il nomma le maréchal Macdonald, duc de Tarente, grand chancelier. C'était un maréchal d'Empire qui était resté à l'écart de l'aventure des Cent-Jours. Cet homme intelligent s'efforcera, non sans succès d'ailleurs, de maintenir la cohésion des légionnaires.

Louis XVIII va alors réaliser **la première grande réforme** depuis la création de l'ordre et en **rédiger les premiers véritables statuts**.

L'ordonnance du 26 mars 1816 dans ses 72 articles :

- constate « *que les dispositions des lois, statuts et actes relatifs à la Légion d'honneur se trouvent éparses dans différentes ordonnances, et qu'il est important d'en former une seule qui, les renfermant toutes, devienne ainsi le code de la Légion d'honneur.* »
- institue « *l'ordre royal de la Légion d'honneur* », dont le Roi est chef souverain et « Grand-maître », pour récompenser les services civils et militaires.
- établit un serment beaucoup plus prolixe dans lequel on sent l'influence des Ultras et la crainte du complot : « *Je jure d'être fidèle au Roi, à l'honneur et à la Patrie, de révéler à l'instant tout ce qui pourrait venir à ma connaissance, et qui serait contraire au service de Sa Majesté et au bien de l'État ; de ne prendre aucun service et de ne recevoir aucune pension, ni traitement d'un Prince étranger, sans le consentement exprès de Sa Majesté ; d'observer les lois, ordonnances et règlements, et généralement faire tout ce qui est du devoir d'un brave et loyal Chevalier de la Légion d'honneur.* »
- rappelle que « *nul ne peut être admis dans la Légion qu'avec le premier grade de chevalier* » et spécifie que les « commandants » seront désormais appelés « *commandeurs* » et les « grands cordons » « *grand' croix* ».
- codifie avec précision les insignes pour chaque grade et dignité, en argent pour les chevaliers en or pour les officiers, commandeurs, grands officiers et grand' croix.
- instaure des quotas pour éviter les abus de de nominations et de promotions :
  - chevaliers : nombre illimité
  - officiers : 2000

- o commandeurs : 400
- o grands-officiers : 160
- o grand' croix : 80
- précise la durée minimum de séjour dans un grade pour pouvoir être promu au grade immédiatement supérieur, et ce, uniquement pour ceux qui se sont acquis des mérites nouveaux :
  - o 4 ans de chevalier à officier
  - o 2 ans d'officier à commandeur
  - o 3 ans de commandeur à grand-officier
  - o 5 ans de grand-officier à grand' croix
- décrit avec minutie les conditions d'accès, pour les militaires et les civils, le nombre des nominations et promotions à répartir entre les divers ministères, les modalités des cérémonies, des brevets etc.
- Enfin, y sont définies les prérogatives de l'ordre, dans un réel souci d'égalité entre Légion d'honneur et Ordre de Saint-Louis.

Mais, deux mois plus tard, l'ordonnance du 22 mai 1816, de nouveau sous la pression des royalistes triomphants, place, dans l'ordre protocolaire, les légionnaires derrière les détenteurs de l'Ordre de Saint-Louis…

La Seconde Restauration : Charles X (1824 – 1830)

Après la mort de Louis XVIII en 1824, son frère, devenu Charles X, ne fera guère évoluer la situation dans le domaine qui nous intéresse.

Il faut quand même signaler que le Roi organisa, le lendemain de son sacre, une brillante cérémonie en faveur de deux ordres royaux : l'ordre de Saint-Michel et l'ordre du Saint-Esprit… et ignora la Légion d'honneur.

La Monarchie de Juillet : Louis-Philippe (1830 – 1848)

Il faudra attendre la Monarchie de Juillet après les « Trois glorieuses » de 1830 pour que la Légion d'honneur retrouve sa primauté.

Fils de Philippe-Égalité, lequel avait été député de la Convention, avait voté la mort de Louis XVI et avait finalement été lui-même exécuté, Louis-Philippe avait un passé militaire, ayant servi avec honneur à Valmy et Jemmapes. Il était resté suspect aux yeux des Royalistes, mais avait, en revanche, gagné la sympathie d'une bonne partie de la population, en particulier de la bourgeoisie, alors en plein essor.

On comprend aisément qu'il verra en la Légion d'honneur le lien avec les idéaux égalitaires de la Révolution, avec la nostalgie de l'Empire et avec les deux règnes précédents.

Il établit une **monarchie constitutionnelle**. Il sera « **Roi des Français** », comme Louis XVI sous la Révolution, il choisit le **drapeau tricolore** comme emblème de la France et enfin il met en sommeil les ordres royaux et fait de la Légion d'honneur **l'unique ordre national** par le décret du 7 août 1830. Elle restera unique jusqu'en 1963, année où est créé l'ordre national du Mérite.

Le Roi prend les décisions suivantes :

- La croix de la Légion d'honneur gardera à l'avers le profil d'Henri IV, mais au revers un drapeau et un étendard tricolores entrecroisés, au lieu des fleurs de lys de ses prédécesseurs.
- Les légionnaires nommés par Napoléon 1er pendant les Cent-Jours et qui s'étaient vu retirer leur décoration par Louis XVIII sont rétablis dans leur grade et dans leurs droits.
- Le serment reflète la Monarchie très constitutionnelle qu'avait instaurée le Roi-citoyen et se résume à la formule : « *Je jure fidélité au Roi des Français, obéissance à la Charte constitutionnelle et aux Lois du Royaume.* »
- Enfin, les traitements de la Légion d'honneur sont actualisés, en particulier ceux des légionnaires nommés sous l'Empire dont la rémunération avait été « gelée » sous ses prédécesseurs.

Louis-Philippe avec sagesse et un sens politique certain a ainsi rétabli l'unité des légionnaires en effaçant l'amertume des anciens, décorés sous l'Empire et souvent opposés au retour à la Royauté qui les avait clairement désavantagés.

Les occasions de faire entrer dans l'Ordre de la Légion d'honneur des citoyens méritants ne manquèrent pas au cours des 14 années du règne de Louis-Philippe.

Le Roi, avec la conquête de l'Algérie commencée sous son prédécesseur, l'intervention maritime au Mexique, l'installation en Côte d'Ivoire eut toutes les raisons de récompenser soldats et marins. Avec les divers complots et soulèvements qui émaillèrent son règne, il honora la Garde nationale qui lui était toujours restée fidèle. Il n'oublia pas les responsables politiques à tous les niveaux, les ecclésiastiques, les artistes, les poètes et romanciers, et chose nouvelle, il honora le monde économique, cette bourgeoisie qui l'avait amené au pouvoir contre Républicains et Bonapartistes,

Cette dernière évolution fut assez mal acceptée et, quand on consulte la presse de l'époque, on a l'impression que Louis-Philippe avait galvaudé la Légion d'honneur. Ce n'est pas exact puisque le nombre des membres est passé de 40000 sous Charles X à 47000 en 1848. Mais ce qui irrita particulièrement l'opinion publique, c'est que ces nominations et promotions n'étaient pas toujours compréhensibles. C'est pourquoi la Chambre demanda que les nominations soient désormais publiées au Moniteur (ancêtre de notre Journal officiel), ce qui fut accepté, et surtout qu'elles soient motivées, ce qui fut refusé et ajouta aux mécontentements qui menèrent à la chute du Régime.

En 1848, la Légion d'honneur est non seulement sauvée, elle devient la seule récompense nationale, elle est structurée rationnellement et a fait l'unité entre les nouveaux légionnaires et les anciens qui avaient été pénalisés par les aléas de l'Histoire.

La Deuxième République (1848-1852)

Après l'abdication de Louis-Philippe et sa fuite vers l'Angleterre, furent successivement établis un gouvernement provisoire puis une assemblée constituante.

La Légion d'honneur est sauvée

Il y eut quelques discussions sur une éventuelle suppression de la Légion d'honneur ou sa transformation en décoration uniquement militaire. Mais le soulèvement parisien de juin 1848, qui sera très durement réprimé par l'armée et la Garde nationale, déclenchera une très large distribution de Légions d'honneur et mettra un terme à toute remise en cause de l'ordre.

La médaille attribuée par la République ne pouvait ressembler à celle de la Monarchie. Elle est donc modifiée :

- Elle ne comporte plus de couronne royale.
- L'avers présente le profil de Bonaparte Premier Consul, le créateur de l'ordre, et la date du texte fondateur : « *19 mai 1802* », allusion à la loi du 29 floréal an X.
- Au revers, on trouve, au centre, deux drapeaux entrecroisés et la devise « *Honneur et Patrie* » entourés de l'inscription « *République française* ».
- Le serment est maintenu sous une forme on ne peut plus sobre : « *Je jure obéissance à la Constitution et fidélité au président de la République.* »

Dès son élection au suffrage universel en décembre 1848, le président de la Deuxième République, Louis-Napoléon Bonaparte, s'employa à adapter la Légion d'honneur, désormais sortie de la Royauté, et à en limiter les effectifs.

Création de la Médaille militaire (1852)

Le Prince-Président commença par réparer une injustice qui ulcérait les militaires du rang, qui ne recevaient plus guère de Légions d'honneur, lesquelles étaient décernées uniquement à des officiers.

Le 22 janvier 1852, il institua donc la **Médaille militaire**, réservée aux sous-officiers et hommes de troupe, ainsi, plus tard, qu'à des maréchaux et généraux ayant exercé un commandement en chef devant l'ennemi.

Le geste est politique, puisque la médaille est à l'effigie de Louis-Napoléon Bonaparte qui se pose en successeur de Napoléon 1er et prépare ainsi le Second Empire.

C'est une décoration prestigieuse, car elle est nationale et vient, dans le protocole de l'époque, juste derrière la Légion d'honneur, mais elle ne concerne pas les civils, elle est la récompense des services militaires rendus, elle est ne constitue pas un ordre hiérarchique dans lequel on entre et dans lequel on peut s'élever, par des mérites nouveaux, à un grade supérieur.

L'apparition de la Médaille militaire sort du cadre strict de ce livre, mais elle est néanmoins directement liée à l'histoire de la Légion d'honneur, car, si elle permettra d'honorer davantage d'hommes du rang,puisque le nombre de médailles n'est pas fixé, elle limitera paradoxalement, et ce, jusqu'à la Grande Guerre, l'accès des sous-officiers à la Légion d'honneur. Sa création met aussi fin au principe de la Légion d'honneur, unique décoration nationale, érigé par la Monarchie de Juillet.

La Légion d'honneur devient désormais le **premier ordre national**, ce qui est encore le cas aujourd'hui.

Les nouveaux statuts de la Légion d'honneur

Devenu Prince-Président, Louis-Napoléon s'emploiera ensuite à établir de **nouveaux statuts** pour la Légion d'honneur par le décret du 16 mars 1852. Le texte ne compte que 59 articles contre 72 dans les statuts de 1816. Les principes essentiels ne sont pas changés :

- *« La Légion d'honneur est instituée pour récompenser les services civils et militaires. »*
- Les dénominations sont inchangées.
- Les délais nécessaires à une promotion dans l'ordre restent identiques.

Les quelques changements ne sont pas drastiques. Ils concernent essentiellement la décoration elle-même, la régulation des effectifs, les traitements et l'organisation de l'ordre.

- La médaille présente d'un côté l'effigie de Napoléon, avec cet exergue « *Napoléon, Empereur des Français* » et à l'avers l'aigle avec la devise « *Honneur et Patrie* ». La version définitive prépare déjà le Second Empire.

- Le nombre des chevaliers n'est pas limité ; « *néanmoins, comme le nombre est aujourd'hui trop considérable, il ne sera fait, dans le civil, qu'une promotion sur deux extinctions jusqu'en 1856.* »

- *« Le nombre des grands officiers, commandeurs et officiers dépassant les limites fixées, il ne sera fait dans ces divers grades, tant au civil qu'au militaire, qu'une nomination ou promotion sur deux vacances, jusqu'à ce qu'on soit rentré dans le cadre.* »

- Cependant, le nombre maximum des officiers passe de 2000 à 4000, celui des commandeurs de 400 à 1000, celui des grands officiers de 160 à 200, car il ne faut pas oublier que les ordres royaux ont été mis en sommeil par Louis-Philippe.

- Une allocation annuelle allant de 250 francs pour les chevaliers à 3 000 francs pour les grand' croix est instaurée.

- L'administration de l'ordre est renforcée : le grand chancelier est assisté par un secrétaire général et un conseil de l'ordre.

Ce texte est important, car il ne sera plus guère modifié, sauf en ce qui concerne l'insigne, et régira l'ordre jusqu'à la réforme de 1962.

Le 2 décembre 1852, le Second Empire est proclamé : le Prince-Président devient l'empereur Napoléon III.

Le Second Empire (1852 – 1870)

La Légion d'honneur ayant été fixée par de nouveaux statuts très détaillés, il ne restait, pour le nouvel Empereur, que deux problèmes à régler.

L'insigne

À nouveau régime, nouvelle médaille.

- Désormais la croix est surmontée de la couronne impériale.
- À l'avers, figure l'effigie de Napoléon, Empereur des Français et non plus celle du Premier Consul.
- Au revers, la devise « *Honneur et Patrie* » entoure l'aigle impériale.

La filiation impériale est ainsi évidente.

Le serment

Le Prince-Président avait fait modifier le texte de la Seconde République en ces termes : « *Je jure fidélité au président de la République, à l'honneur et à la Patrie ; je jure de me consacrer au bien de l'État et de remplir les devoirs d'un brave et loyal Chevalier de la Légion d'honneur. »*

L'Empereur Napoléon III se contentera de modifications évidentes : « *Je jure fidélité à l'Empereur, à l'honneur et à la Patrie ; je jure de me consacrer au bien de l'État et de remplir les devoirs d'un brave et loyal Chevalier de l'Ordre Impérial de la Légion d'honneur. »*

Le lecteur aura noté le changement d'appellation de l'ordre.

Les nominations

Le Second Empire fit considérablement évoluer les nominations et promotions dans la Légion d'honneur dans le sens de l'éclectisme :

- On retrouve sans surprise les récompenses liées aux guerres et expéditions militaires qui vont entraîner une augmentation des effectifs de la Légion d'honneur de l'ordre de 10 000 et, pour la première fois, on attribue la Légion d'honneur à des drapeaux. Il faut dire que les théâtres d'opération ont été nombreux et divers :
    - Opérations d'Afrique du Nord
    - Guerre de Crimée (1851-54)
    - Guerre d'Italie avec les victoires de Magenta (1854) et Solferino (1859)
    - Expédition du Mexique
    - Expédition de Chine
    - Guerre de 1870.
- Les fonctionnaires représentent 10 à 15% des nominations.
- La vie économique étant particulièrement florissante, on retrouve parmi les décorés des ouvriers et des artisans, des commerçants, des industriels, des inventeurs.
- Les progrès de la science ne sont pas ignorés et des médecins, des savants (Claude Bernard, Berthelot, Pasteur, Poincaré etc.) entrent dans la Légion d'honneur.
- La littérature verra honorés des écrivains comme Dumas fils, Flaubert, Leconte de l'Isle, Alphonse Daudet, Jules Verne, etc.
- Les musiciens français et étrangers furent nombreux à être décorés. On peut citer Verdi, Gounod, Saint-Saëns, Offenbach, Strauss.
- Les artistes peintres sont très bien représentés avec Millet, Gustave Doré, Carpeaux, Puvis de Chavanne, Ingres, Delacroix, etc.
- On trouve aussi des bienfaiteurs comme Henry Dunant, fondateur de la Croix rouge.
- Les expositions internationales amèneront la décoration d'étrangers célèbres.

- Les femmes : Sous le Second Empire, des femmes furent, pour la première fois, admises dans l'Ordre.
  - La première femme décorée le 15 août 1851 fut Angélique-Marie-Josèphe Brulon, 7 ans de service, 7 campagnes, 3 blessures, sous-lieutenant aux Invalides depuis décembre 1798…
  - La première femme légionnaire à titre civil fut Madame Abicot, qui, attaquée et blessée par trois malandrins, fut tellement indignée de voir ceux-ci emporter la « croix d'honneur » de feu son beau-père qu'elle trouva la force de s'emparer d'un pistolet, de poursuivre ses voleurs et de la leur faire rendre sous la menace de son arme.
  - Le plus fort contingent de femmes décorées fut celui des Sœurs de la Charité, directrices d'hôpitaux.

On peut donc dire que c'est sous le Second Empire que la Légion d'honneur prit sa physionomie définitive de récompense de tous les mérites et des mérites de tous.

On sait que le Régime s'effondrera lors de la courte et désastreuse guerre de 1870.

Conséquence imprévue pour la Légion d'honneur, en mai 1871, lors de la Commune de Paris, le Palais de Salm, siège de la grande chancellerie, fut incendié. Il ne reste donc plus le détail des nominations antérieures à 1870. On a certes pu reconstituer celles-ci en partie, en croisant les sources, mais le flou demeure sur les statistiques de cette époque.

La Légion d'honneur de la Troisième République à 1962

La longue période qui va de la fin du Second Empire à l'État français est riche en évènements qui ont eu leurs répercussions sur notre premier ordre national.

Remise en cause de la Légion d'honneur

À la chute du Second Empire, la Légion d'honneur connut sa plus grande menace.

La Troisième République faillit supprimer l'ordre. Jules Ferry en fut l'adversaire le plus virulent, au nom de l'égalité des citoyens.

La Légion d'honneur fut transformée en décoration uniquement militaire par le décret du 28 octobre **1870**.

Heureusement, ce décret fut abrogé par la loi du 25 juillet **1873**.

C'est donc pendant moins de trois ans que notre ordre perdit sa caractéristique essentielle : être la récompense suprême de tous les mérites civils et militaires.

Pourtant, d'aucuns restent persuadés que ce n'est que récemment que la Légion d'honneur est attribuée à des civils et, de plus, on en fait un argument pour prétendre que notre décoration est galvaudée !

Insigne

L'insigne abandonne toute référence à l'Empire. Il est surmonté d'une couronne tressée de laurier et de chêne. L'avers présente le profil de la République (Cérès laurée), la légende « République française » et la date 1870. Le revers, comme aujourd'hui, présente en son centre un drapeau et un étendard tricolores croisés et la devise « Honneur et Patrie ».

Serment

Le décret du 5 septembre 1870 abolit le serment des nouveaux légionnaires. Celui-ci ne sera brièvement rétabli que sous le Régime de Vichy comme nous le verrons plus loin.

Mesure concernant les élus nationaux

En 1872, les députés et sénateurs se virent écarter de l'attribution de la Légion d'honneur, sauf pour faits de guerre, alors qu'auparavant les élus recevaient une large part des contingents de décorations.

Depuis 1802, les Chambres n'avaient qu'un pouvoir limité et c'était le chef de l'État qui possédait le pouvoir réel.

Dorénavant, c'étaient les élus qui exerçaient le pouvoir. La Troisième République avait donc logiquement décidé que les membres des assemblées parlementaires ne pourraient être admis, en tant que tels, dans la Légion d'Honneur pendant leur mandat, principe toujours en vigueur.

Les scandales

- Cette mesure de précaution n'arrêta pas le gendre du président de la République Jules Grévy, le député Wilson, qui fut reconnu coupable d'avoir usé de son influence pour vendre quelque 23 000 décorations, selon l'historien Jean Garrigues, au prix de 25 à 100 000 francs de l'époque. Les Légionnaires nommés grâce à son intervention furent radiés. Jules Grévy, grand maître de l'Ordre, dut démissionner en 1887. Cette affaire lamentable eut néanmoins une issue favorable à la démocratie, puisqu'elle donna naissance aux premières lois contre le trafic d'influence.

- La grande chancellerie avait souffert, néanmoins, indirectement de l'opprobre. Elle fut à nouveau prise à partie, en 1889, pour avoir radié de l'ordre le général Boulanger, héros de la Guerre de 1870, grand officier de la Légion d'honneur. Cette radiation n'était pourtant que la suite logique et inéluctable de la condamnation du général à l'exil, après la tentative de putsch qui avait eu lieu en son nom.

- Un peu plus tard, ce fut l'affaire de Panama. Nombre des condamnés étaient membres de l'ordre. La grande chancellerie radia tous les condamnés, même ceux qui bénéficiaient de la prescription, sauf Eiffel... Nouveau scandale ! Le grand chancelier et le conseil de l'ordre durent démissionner en juillet 1895, une première dans l'histoire de la Légion d'honneur.

- Au tournant du siècle, dans le cadre de l'affaire Dreyfus, Zola, déclaré coupable d'avoir diffamé le Conseil de guerre de Paris dans son célèbre « *J'accuse* », fut suspendu de son grade d'officier de la Légion d'honneur par le conseil de l'ordre qui agit en accord avec son règlement. Il ne sera jamais réintégré. Or, au même moment, le gouvernement nomme officier de la Légion d'honneur l'attaché militaire allemand Schwartzkoppen, destinataire du tristement célèbre bordereau. Bien que la Chancellerie n'eût aucun droit de regard sur les nominations à titre étranger, le grand chancelier, Davout d'Auerstadt, dut démissionner.

Ces affaires démontrent, s'il en était besoin, que l'opinion française est foncièrement attachée à la Légion d'honneur et, quand elle s'indigne, c'est pour exprimer sa réprobation contre des nominations ou des radiations qu'elle estime injustes, mais jamais contre la légitimité de l'ordre.

Effet bénéfique, l'une des conséquences de ces années agitées fut un examen plus rigoureux des dossiers de candidature et la réduction des effectifs. Ils passèrent de 75 000 légionnaires vers 1870 à 50 000 (dont 18 000 civils) en 1914.

Les deux Guerres mondiales

En l'espace de trente ans, les deux guerres mondiales, qui furent les plus meurtrières de l'histoire de l'Humanité, entraînèrent des changements importants dans la législation de la Légion d'honneur.

La Première Guerre mondiale (1914-1918)

La Grande Guerre, qui engagea des masses énormes de combattants dans des combats incessants rendus plus meurtriers que jamais en raison du développement des armements, en particulier l'usage généralisé de la mitrailleuse et surtout de l'artillerie, entraîna naturellement un développement important des effectifs se succédant en première ligne. Les pertes y furent énormes, mais les actes de bravoure y furent nombreux et les plus exceptionnels furent naturellement récompensés par la Légion d'honneur. Si ces nominations concernèrent surtout les officiers, on compte, au cours de ce sanglant conflit des militaires de tous grades qui reçurent la récompense suprême.

Le cas le plus remarquable est celui du soldat Mathieu Jouy, natif de Castelsarrasin, marsouin du 22ème régiment d'infanterie coloniale, qui reçut la Légion d'honneur des mains des généraux Joffre et Roques en août 1916.

La multiplicité des combats et l'énormité des effectifs engagés nécessitèrent bientôt une accélération des procédures de nomination et de promotion dans la Légion d'honneur

Le tableau spécial

Le tableau spécial pour la durée des opérations permit au ministère de la Guerre de nommer ou de promouvoir un militaire ou assimilé ayant accompli un acte de bravoure au front, sans passer par l'établissement d'un dossier, l'agrément du conseil de l'ordre et toute la procédure administrative. Dès son inscription au tableau, l'intéressé pouvait porter sa décoration. Seront nommés ou promus sur ce tableau 54 600 combattants de la Grande Guerre.

La rapidité des récompenses qui découla de cette nouvelle procédure fut très appréciée des intéressés et contribua grandement au moral des troupes depuis cette époque.

Les tableaux spéciaux existent toujours dans l'armée française.

Nominations à titre posthume

Ces nominations furent permises par un décret du 1er octobre 1918.

C'était un grand changement dans les principes de la Légion d'honneur.

Jusqu'alors, la Légion d'honneur représentait une élite vivante. La prestation de serment avait été la garantie de ce principe jusqu'en 1870 et aucune dérogation n'avait été envisagée jusqu'en 1918.

Les pertes énormes de la Grande Guerre conduisirent à changer la règle pour pouvoir tenir compte des faits d'armes accomplis par des hommes à qui ils avaient coûté la vie et réconforter les familles de ces héros.

Le garde des Sceaux, Louis Nail montre, par sa prudence, combien cette décision politique, souhaitable moralement et politiquement, était assez délicate sur le plan juridique :

« *Les événements actuels ont fait apparaître qu'il était nécessaire pour le gouvernement de pouvoir accorder des décorations à des militaires morts au champ d'honneur.* » Il précise qu'après examen des textes qui régissent la Légion d'honneur, le Conseil de l'ordre a estimé que, si la législation est muette à l'égard des décorations posthumes, « *elle ne contient aucune disposition, aucun principe, qui y soit opposé* ».

Plus loin dans le texte, le décret précise que « *seuls pourront faire l'objet d'une nomination ou d'une promotion posthume dans la Légion d'honneur les soldats et officiers des armées de terre et de mer dont le dévouement à la patrie aura été signalé par une citation individuelle à l'ordre du jour intervenue dans un délai maximum de six mois à dater du jour du décès.* » Il est, d'autre part, indiqué « *qu'une condition analogue peut être exigée des civils, car le gouvernement a pris l'habitude de citer au Journal officiel les personnes qui se distinguent par leur héroïsme et par un dévouement exceptionnel.* »

Les nominations à titre posthume sont donc liées à la notion de mérite éminent et reconnu, ce que le public oublie parfois aujourd'hui. Elles ne sont pas mentionnées dans le code de 1962, sans pour autant disparaître, car on pouvait antidater le décret de nomination. Elles furent rétablies par le décret du 9 novembre 1981 : « *Le Premier ministre est autorisé, par délégation du grand maître, à nommer ou à promouvoir dans l'ordre, dans un délai d'un mois, les personnes tuées ou blessées dans l'accomplissement de leur devoir et qui sont reconnues dignes de recevoir cette distinction. »*

L'entre-deux-guerres

La S.E.M.L.H

L'entre-deux guerres vit, en 1921, la création de la Société de la Légion d'honneur qui deviendra Société d'entraide des Membres de la Légion d'honneur (SEMLH) et, actuellement, Société des Membres de la Légion d'honneur (SMLH).

Cette association loi 1901 visait à fédérer les légionnaires en renforçant leur cohésion, leur solidarité envers les plus démunis d'entre eux et leur désir de contribuer à la gloire de l'ordre et à la grandeur de la patrie.

Elle reste aujourd'hui la seule association habilitée à représenter l'ordre national de la Légion d'honneur en France et à l'étranger.

Nous lui consacrons un chapitre en fin d'ouvrage.

La loi sur les mutilés de guerre

La législation sur les mutilés, promulguée en 1923, puis élargie en 1932, a permis de nommer ou de promouvoir dans la Légion d'honneur de très nombreux mutilés des divers conflits. La Légion d'honneur était décernée de droit aux mutilés à 100%.

Les déportés-résistants du second conflit mondial seront, à juste titre, assimilés aux mutilés.

La Seconde Guerre mondiale

En 1939, l'invasion de la Pologne entraîna, par le jeu des alliances, la déclaration de guerre du Royaume-Uni et de la France à l'Allemagne. Les hostilités sur le sol français ne commencèrent vraiment que le 8 mai 1940 pour aboutir, après d'âpres combats, à l'armistice du 22 juin 1940, qui scinde la France en deux par une ligne de démarcation.
Qu'allait devenir la Légion d'honneur dans la France occupée ?

Le Régime de Vichy

Le 10 juillet 1940, les deux chambres réunies en assemblée nationale à Vichy donnent *« tous les pouvoirs au gouvernement de la République, sous l'autorité et la signature du maréchal Pétain, sous contrôle de l'Assemblée, avec pour mission la promulgation d'une nouvelle constitution »*, conditions restrictives que le maréchal ignorera superbement ne gardant que tous les pouvoirs à titre personnel !
L'État français succède donc à la IIIe République. Il siège à Vichy. Il a un chef : le maréchal Philippe Pétain, qui jouit alors d'une grande popularité,

mais dont le dessein politique se révèlera rapidement en faveur de la collaboration avec les Nazis, surtout après la promulgation du « statut des Juifs », le 3 octobre 1940 et la trop célèbre poignée de mains, échangée avec Hitler le 24 octobre 1940 à Montoire, qui officialise la Collaboration.

Ces décisions amèneront de nombreux patriotes à choisir leur camp et à rejoindre :

- soit la France libre fondée par le général De Gaulle
- soit l'un des divers mouvements de la Résistance.

La Légion d'honneur sous Vichy

Le maréchal Pétain s'empressa de rétablir la Légion d'honneur par le décret du 11 novembre 1940, dont le premier article précise : « *Le chef de l'État est chef souverain et grand maître de l'ordre* ».

Le maréchal connaît la valeur symbolique de la Légion d'honneur et tient à garder l'appui des anciens combattants qui révèrent encore unanimement « le vainqueur de Verdun ».

Mais le nouveau grand maître introduit bientôt quelques modifications qui visent à attacher les légionnaires à l'État français et à sa personne. Il nomme à cet effet le général Brécard grand chancelier de la Légion d'honneur, en remplacement du général Nollet, moins docile.

La réception ou la promotion dans l'ordre de la Légion d'honneur s'accompagne désormais, de par la loi du 1er septembre 1941, d'un serment qui rappelle celui du Second Empire : « *Je jure de demeurer fidèle à l'honneur et à la patrie, de me consacrer au bien de l'État, de n'appartenir ni à présent, ni dans l'avenir à aucune société interdite par la loi et de remplir tous les devoirs d'un brave et loyal légionnaire.* »

Le dernier alinéa précise que « *le serment est exigé de tous les anciens légionnaires.* »

Une fois le territoire libéré, la réponse à cette mainmise du maréchal sur notre ordre sera l'ordonnance du Comité de libération nationale en date du 17 février 1944 remettant en question les décisions de Vichy : « *L'ensemble des décrets prononçant des promotions ou nominations dans l'ordre de la Légion d'honneur fera l'objet, à la fin des hostilités, d'une ratification par loi spéciale* ».

Cette ratification a permis de faire un tri dans les nominations et promotions octroyées par Vichy.

L'épilogue de cette période fut la condamnation de Philippe Pétain à la peine de mort (qui sera commuée en emprisonnement à perpétuité), à l'indignité nationale et à la confiscation de ses biens.

Le maréchal sera, bien entendu, dépouillé de toutes ses décorations militaires et, en particulier, de sa dignité de grand' croix de la Légion d'honneur.

<u>Les conséquences du second conflit mondial sur les effectifs</u>
La Seconde Guerre mondiale accéléra naturellement la progression des effectifs de la Légion d'honneur avec ses militaires, ses résistants, ses déportés. Les conflits coloniaux qui la suivirent complétèrent le processus.

On dénombre 21 300 légionnaires de 1939-45, 6 000 d'Indochine et 4 200 d'Algérie. Signalons que plus de 30% d'entre eux sont des sous-officiers.

Les nominations à titre civil ont suivi la même courbe ascendante. Tout d'abord, beaucoup des nommés et promus des deux guerres n'étaient pas des militaires de carrière. Ensuite, la plupart des résistants et déportés étaient des civils. Enfin, l'effort de guerre et, plus tard, l'effort de reconstruction ont aussi appelé de nombreux civils à obtenir la récompense suprême.

Les circonstances historiques avaient donc mené, logiquement, à une véritable inflation des effectifs comme l'illustre l'histogramme figurant au chapitre suivant qui montre que le nombre de légionnaires atteignait environ 320 000 en 1960.

Le premier ordre national risquait de s'en trouver dévalorisé. C'est cette constatation qui amènera le général de Gaulle à réformer l'ordre en 1962 avec une efficacité indéniable.

Les collectivités

Il faut ajouter, pour comprendre l'adaptation de la Légion d'honneur et de sa symbolique, la décoration de collectivités particulièrement méritantes :

- Napoléon, pendant les Cent-Jours, décora trois villes qui s'étaient particulièrement distinguées pendant la campagne de France : Chalon-sur-Saône, Tournus et Saint-Jean-de-Losne. Napoléon III ajouta Roanne que son oncle n'avait pas eu le temps de décorer.

- Depuis lors, 65 autres villes dont 7 étrangères ont été décorées à la suite des conflits de 1870, 1914-18 et 1939-45. Dans le Pas-de-Calais, par exemple, six villes ont reçu la Légion d'honneur à la suite des deux guerres mondiales : Arras, Bapaume, Béthune, Lens en 1919, Boulogne et Calais en 1947.

- 38 drapeaux de régiments, 5 formations militaires, 7 unités de sapeurs-pompiers, 24 écoles militaires dont 3 étrangères ont été décorés entre 1880 et 1960. La fourragère rouge de la Légion d'Honneur fait donc partie de leur uniforme.

- De même, 21 écoles civiles ont été honorées.

- S'ajoutèrent aussi des collectivités telles que la Croix-Rouge française, la SNCF, le réseau Résistance PTT et l'Abbaye N.D. des Dombes pour sa contribution à la résistance pendant la seconde guerre mondiale.

Ces nominations de collectivités dans l'ordre de la Légion d'honneur ont souvent été accompagnées de débats, voire de conflits entre candidates.

Villes, Régiments, écoles et autres collectivités arborent aujourd'hui leur Légion d'honneur avec une légitime fierté et la commémorent régulièrement.

Il n'y a plus guère aujourd'hui de décoration de collectivités et le code de la Légion d'honneur actuel ne prévoit plus cette possibilité que pour des faits antérieurs à 1962

C'est ainsi qu'on a procédé à l'attribution de quatre décorations de villes à effet rétroactif : pour Volgograd (ex Stalingrad) en 1984, pour Alger en 2004 parce qu'elle a été la capitale de la France combattante, en 2006, pour Brazzaville, qui vit naître la France libre et, le 18 juin 2020, à Londres car, « grâce à l'accueil du Gouvernement britannique, c'est d'Angleterre que le général de Gaulle entreprit, en juin 1940, de sauver l'honneur de la France. »

LA LEGION D'HONNEUR AUJOURD'HUI

La Légion d'honneur de 1962 à aujourd'hui

1962, la naissance de la Légion d'honneur moderne

La Cinquième République, née de la constitution de 1958 complétée par le référendum de 1962 qui instaure l'élection du président de la République au suffrage universel, marque un tournant important dans les statuts de la Légion d'honneur.

Le général de Gaulle, grand maître de l'ordre, et le général Catroux, grand chancelier, entamèrent une réforme qui aboutira au code de 1962 qui régit encore aujourd'hui les ordres nationaux.

Cette réforme s'avérait non seulement nécessaire mais aussi urgente pour diverses raisons.

La situation de la Légion d'honneur en 1962

Simplification

On a vu précédemment comment l'évolution historique de la Légion d'honneur avait abouti à une complexité croissante des textes officiels la régissant. Depuis sa création en 1802, c'étaient 77 arrêtés, lois et décrets qui s'étaient accumulés. Il convenait de rédiger un nouveau code pour y mettre bon ordre.

Le 28 novembre 1962 paraît le **Code de la Légion d'honneur et de la Médaille militaire** qui remplace tous les textes législatifs précédents.

Nouvelle définition de l'ordre

L'article 1er du code énonce : « *La Légion d'honneur est la plus élevée des distinctions nationales. Elle est la récompense de **mérites éminents** acquis au service de la nation, soit à titre civil, soit sous les armes* ».

Limitation des effectifs

Suite aux deux conflits mondiaux et aux conflits coloniaux qui en découlèrent, les effectifs avaient augmenté jusqu'à atteindre 320 000 en 1962. On ne pouvait que craindre une dévalorisation du prestige de l'ordre.

Le code fixe donc clairement le nombre à ne pas dépasser par grade et par dignité :

- 113 425 chevaliers,
- 10 000 officiers,
- 1 250 commandeurs,
- 250 grands officiers,
- 75 grand' croix.

Soit au total 125 000 membres au maximum.

Il suffit de consulter le tableau ci-dessous pour constater l'ampleur du problème en 1960 et de mesurer l'efficacité indéniable des mesures qui furent prises par le chef de l'État.

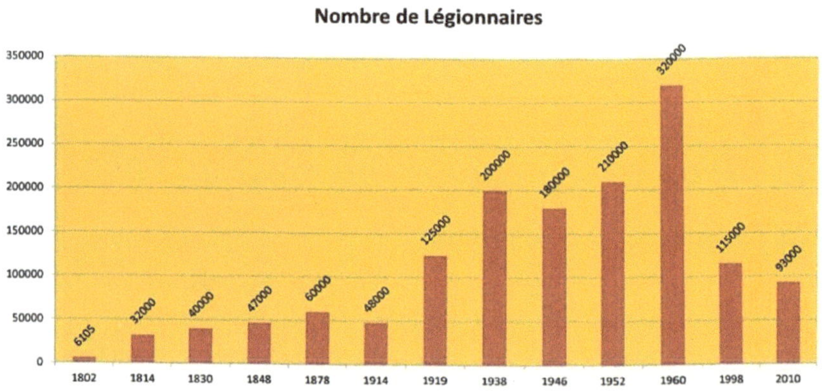

Création de l'ordre national du Mérite.

Bien entendu, pour des raisons politiques évidentes, il n'était pas question de simplement tarir les nominations en plein effort de reconstruction du pays et de conquête d'une nouvelle place de la France dans l'économie mondiale.

La solution résidait dans la limitation progressive des futures nominations et promotions de la Légion d'honneur et dans la création, en 1963, d'un nouvel ordre national.

Le 3 décembre 1963, est donc créé l'ordre national du Mérite qui récompense « *les mérites distingués* ».

Les membres du Mérite sont aujourd'hui environ 190 000 (contre 93 000 pour la Légion d'honneur) et sont, en moyenne, plus jeunes que les légionnaires, car on peut être admis dans l'ONM après 10 ans de service, assortis de mérites distingués, au lieu de 20 ans de mérites éminents pour le premier ordre national.

Les effectifs de la Légion d'honneur diminuent donc drastiquement à partir de 1962 dans le but d'atteindre 125 000 en l'an 2000.

Le résultat

L'objectif est largement atteint puisque, de 320 000 en 1962, le nombre de légionnaires passe à 115 532 en 1996, soit une diminution de 65% en 34 ans.

Et le processus continue puisqu'il n'y a plus aujourd'hui que 93 000 membres de la Légion d'honneur, ce qui fait tomber le taux de légionnaires pour 100 000 habitants à moins de 150. Car, pour étudier l'évolution des effectifs de la Légion d'honneur, il faut aussi rapporter le nombre de légionnaires à la population française selon les époques. On constate, grâce au graphique ci-dessous, que nous sommes actuellement au niveau de 1878, époque où la population française était bien moindre. [1]

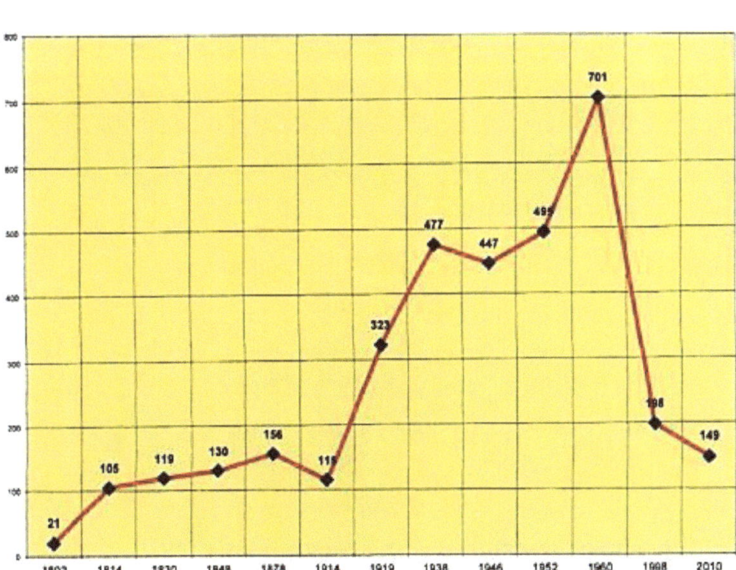

On voit qu'on ne peut vraiment pas prétendre, comme on l'entend trop souvent, que l'on « donne la Légion d'honneur à tout le monde » !

---

[1] Il n'y a plus en 2022, pour les 120 ans de notre ordre, que **79 000** légionnaires vivants dans une population de 67 813 000, ce qui signifie qu'il n'y a plus que **116** décorés de la Légion d'honneur pour 100 000 Français.

Organisation de l'ordre national de la Légion d'honneur

Après avoir étudié l'histoire de la Légion d'honneur de sa création à sa dernière grande réforme, il convient de décrire ce qu'est aujourd'hui le premier ordre national, l'organisation actuelle de l'institution, le processus de nomination et de promotion, ses usages, ses prérogatives, sa discipline et les dernières évolutions de ses statuts pour s'adapter à l'évolution, toujours plus rapide, de la société française.

Le grand maître

Le président de la République, lors de son installation, reçoit les insignes de grand' croix, la dignité la plus élevée, des mains du grand chancelier, puis celui-ci lui remet le grand collier de la Légion d'honneur avec ces mots :

« Monsieur le président de la République, nous vous reconnaissons comme grand maître de l'ordre national de la Légion d'honneur ».

Le grand collier n'est plus porté par le grand maître depuis Georges Pompidou. Il est simplement présenté au nouveau président.

Le collier actuel date de 1953. Il fait suite à une série de colliers, tous aussi prestigieux les uns que les autres, dont le premier date de 1802.

Le nom de chaque grand maître y est inscrit, accompagné de sa date de prise de fonction. Il reste encore de la place jusqu'en 2032…

Le grand maître choisit le grand chancelier parmi les grand' croix de la Légion d'honneur et nomme les membres du conseil de l'ordre.

Le grand chancelier

Le grand chancelier est choisi parmi les grand' croix de la Légion d'honneur. Il reste à son poste pendant six ans et cette période est renouvelable.

Il a de nombreuses responsabilités :

- Il est l'interlocuteur du président de la République pour tous les sujets relatifs à l'ordre national de la légion d'honneur qu'il représente, en toutes circonstances, en France et à l'étranger.
- Il a la gouvernance des ordres nationaux : Légion d'honneur, médaille militaire, ordre national du Mérite et, à ce titre, préside les conseils, veille au respect des codes, contrôle la régularité des nominations et promotions, engage, le cas échéant, des sanctions disciplinaires contre des membres qui ont failli à l'honneur.
- Il est responsable des Maisons d'éducation des membres de la Légion d'Honneur.
- Il assure la direction du musée de la Légion d'honneur et des ordres de chevalerie.
- Il préside la fondation « *Un avenir ensemble* » qui parraine des jeunes particulièrement méritants pour les guider dans leurs études avec l'aide de parrains bénévoles, tous membres de la Légion d'honneur.
  Voir le site : http://www.fondation-unavenirensemble.org
- Il est dépositaire du sceau de l'ordre.

Il est assisté par un secrétaire général et toute l'administration de la grande chancellerie.

Le Conseil de l'ordre de la Légion d'honneur

Il est naturellement présidé par le grand chancelier.

Il compte, depuis le décret du 21 novembre 2018, 16 membres (au lieu de 17 auparavant) : 14 dignitaires et commandeurs, 1 officier, 1 chevalier, choisis par le grand maître sur proposition du grand chancelier. Les membres ont un mandat de 4 ans renouvelable.

Le conseil est renouvelé par moitié tous les deux ans, afin qu'au moins 50% de ses membres soient au fait des dossiers en cours.

Il a diverses attributions :

- Il veille à l'observation des statuts et règlements.
- Il vérifie que nominations et promotions sont en conformité avec les lois et les principes de l'ordre.
- Il est consulté sur les sanctions disciplinaires.

Nomination et avancement dans l'ordre

Le code de 1962 stipule que « *nul ne peut être reçu dans la Légion d'honneur s'il n'est français* » (R.16) et que « *nul ne peut accéder à la Légion d'honneur dans un grade supérieur à celui de chevalier* » (R.17).

Proposition

Pour les citoyens français, les règles sont très précises et il est important de les connaître pour mieux appréhender le sens de l'entrée dans l'ordre national de la Légion d'honneur.

Il faut savoir que, contrairement à ce qu'on laisse croire trop souvent, l'intéressé ne se propose jamais lui-même pour l'obtention de la Légion d'honneur.

La proposition ne peut émaner que d'un Ministre (celui dont relèvent les mérites du futur décoré) qui fait établir par ses services un **mémoire de proposition** qu'il fait ensuite parvenir au grand chancelier pour l'une des deux dates fixées annuellement.

Chaque ministre dispose d'un contingent triennal de nominations possibles et chaque citoyen proposé doit répondre à des critères très précis.

L'intéressé fait l'objet d'une enquête, car il ne doit pas être sous le coup d'une condamnation, même avec sursis. Il reçoit la visite d'un inspecteur des renseignements généraux (devenu Service central de renseignement territorial) qui lui apprend qu'un mémoire concernant son éventuel accès à un ordre national a été établi. Celui-ci l'interroge sur sa vie, ses activités, sa carrière, et lui demande s'il accepterait une décoration, si son dossier était retenu. Il est difficile de savoir depuis quand on pose cette question, mais on peut s'interroger sur certains « refus » rapportés par la presse. D'ailleurs, la Légion d'honneur ne se refuse pas vraiment : on se contente de ne pas organiser de cérémonie de réception dans l'ordre.

Les délibérations du Conseil et ses décisions restent secrètes jusqu'à l'éventuelle décision favorable.

Civils

Cas généraux

Pour les civils, « *il faut justifier de services publics ou d'activités professionnelles d'une durée minimum de 20 années, assortis dans l'un et l'autre cas de « mérites éminents »* (R.18). L'âge moyen d'entrée dans l'ordre est actuellement de plus de 60 ans.

La promotion au grade supérieur est soumise à une ancienneté minimum dans le grade :

- 8 ans pour passer de chevalier à officier,
- 5 ans pour passer d'officier à commandeur,
- 3 ans dans le grade précédent pour chacune des deux dignités : grand-officier et grand' croix.

Il faut insister sur le fait, chose que les médias et le public oublient trop souvent, qu'un « *avancement dans la Légion d'honneur doit récompenser **des mérites nouveaux et non des mérites déjà récompensés*** » (R.19).

Ces mérites nouveaux sont soumis à une nouvelle enquête, un nouveau mémoire et la promotion doit être approuvée par la Grande Chancellerie, comme pour l'entrée dans l'ordre.

Cas exceptionnels

Des civils accomplissent chaque année des actes exceptionnels qui sont couronnés par l'attribution de la Légion d'honneur. Il est évident que, dans ce cas, on ne va pas attendre 20 ans pour les récompenser.

Ce qui compte, c'est qu'il y ait eu un engagement exceptionnel, volontaire, éminemment admirable.

Être victime d'un attentat, par exemple, n'est pas une raison suffisante pour être proposé, pas plus que d'être une victime d'un accident tragique. La notion de mérite personnel est essentielle.

Militaires

Les militaires et assimilés ne peuvent accéder au grade de chevalier ou d'officier qu'après inscription sur un tableau de concours, disposition qui ne concerne pas les officiers généraux.

Dispositions particulières

- Les ministres, les parlementaires, « *sauf pour faits de guerre ou actions d'éclat assimilables à des faits de guerre* » (R.23) et les membres des cabinets ministériels ne peuvent faire l'objet d'une nomination ou d'une promotion pendant la durée de leur mandat. Les membres du corps du contrôle général économique et financier, eux, « *ne peuvent être décorés sur le contingent des ministres qu'ils contrôlent.* » (Décret du 9 mai 2005) (R.23).
- Il y a des dispositions particulières pour les actions d'éclat et les blessures graves en temps de guerre : les bénéficiaires sont dispensés des formalités administratives et de la cérémonie de réception.
- D'autre part, le premier ministre, par délégation du grand maître, peut nommer ou promouvoir dans l'ordre, dans un délai d'un mois, les militaires et fonctionnaires, tués ou blessés dans l'exercice de leurs fonctions et qui sont reconnus dignes de recevoir cette distinction.
- Il existe enfin des tableaux spéciaux pour les mutilés de guerre et les déportés résistants.
- Signalons pour mémoire qu'en 1995, une promotion spéciale avait été créée pour les derniers « poilus » de 1914-18. D'autres

promotions exceptionnelles sont prévues pour la Seconde guerre mondiale, la guerre d'Indochine, la guerre d'Algérie.

Examen des mémoires de proposition

Les mémoires de proposition sont examinés par le conseil de l'ordre. Ceux qui n'ont pas été écartés sont ensuite soumis au président de la République, grand maître de l'ordre.

Publication au Journal Officiel

La liste des noms des personnes retenues pour une nomination ou une promotion est publiée au Journal Officiel. Il y a chaque année :

- deux promotions civiles : le 1er janvier et 14 juillet. La promotion de Pâques qui existait encore en 2017 a été supprimée par le président Macron.
- deux promotions militaires :
  - o avril / mai pour les militaires de réserve et les anciens combattants
  - o juin / juillet pour les militaires d'active

C'est, en général, à ce moment-là que l'intéressé apprend qu'il va entrer ou être promu dans l'ordre de la Légion d'honneur. Il lui restera à acquitter les frais de Chancellerie et à se choisir un « parrain » qui procèdera à la remise de ses insignes.

Ajoutons qu'il existe aussi des promotions spéciales décidées par le grand maître.

Réception dans l'Ordre

Cette réception n'est pas une petite fête entre amis. Elle est statutaire : « *Nul n'est membre de la Légion d'honneur avant qu'il n'ait été procédé à sa réception dans l'Ordre* » (R.48).

Organisation

L'intéressé doit informer la grande chancellerie du nom du parrain choisi, de la date et du lieu de la cérémonie de réception. Celle-ci est indispensable, car elle permet au récipiendaire d'entrer effectivement dans la Légion d'honneur, de porter sa décoration et de jouir des prérogatives de l'ordre.

Cérémonie de Réception

Le récipiendaire est décoré par un « parrain », ayant au moins un grade égal à celui qu'il va être chargé de décerner, et qui est délégué officiellement par le grand chancelier.

<u>Militaires</u>
La remise est très réglementée :

- pour un officier jusqu'au grade de colonel ou un non-officier, le remise est faite par un officier général ou un officier supérieur devant l'unité ou la formation à laquelle appartient le récipiendaire
- pour un officier général promu officier ou commandeur, par le délégué du grand chancelier
- pour les grands officiers et grand' croix par le président de la République ou son délégué.

Dans tous les cas, le délégué du grand chancelier doit être d'un grade au moins égal à celui du récipiendaire.

Signalons que « *les insignes sont fournis gratuitement aux militaires nommés chevaliers de la Légion d'honneur au titre des tableaux spéciaux.* » (R. 72) Dans tous les autres cas et pour tous les civils, le récipiendaire doit acheter sa décoration.

<u>Civils</u>
Le lieu choisi est libre, mais il doit être digne de l'ordre de la Légion d'honneur.

Les représentants de la Société des Membres de la Légion d'honneur et leur porte-drapeau, médailles pendantes, assistent traditionnellement à cette remise.

Le parrain prononce un discours qui détaille, souvent avec talent et esprit, les mérites du récipiendaire.

Ce moment est important, car beaucoup dans l'assistance ne connaissent pas les détails et la valeur de la carrière du récipiendaire.

Le parrain justifie ainsi indirectement, mais officiellement, la décision d'accorder la légion d'honneur au récipiendaire. Il n'est pas rare de constater que l'assistance se sent plus empreinte de respect envers ce dernier, après avoir entendu la liste de ses mérites.

En général, cette cérémonie est rapportée dans la presse pour les mêmes raisons d'information du public.

Remise de l'insigne

Pour les militaires, le délégué du grand chancelier frappe, le cas échéant, le récipiendaire du plat de l'épée.

Pour les civils comme pour les militaires, on procède ensuite à la remise de l'insigne et à l'accolade.

La formule de réception est bien connue : « *Au nom du président de la République et en vertu des pouvoirs qui nous sont conférés, nous vous faisons chevalier (ou officier ou commandeur) de la Légion d'honneur* » ; pour les dignitaires, la formule se termine par « *nous vous élevons à la dignité de grand officier (ou grand' croix) de la Légion d'honneur* ».

Il est procédé ensuite à la signature du procès-verbal qui est envoyé immédiatement à la grande chancellerie.

Le récipiendaire peut désormais porter l'insigne de son grade et il remercie ensuite tous ceux qui ont contribué directement ou indirectement à sa carrière et tous ceux qu'il tient à associer à l'honneur qui lui est fait.

Rappel
« *Les membres de l'ordre le demeurent à vie* » (R. 50).

 On ne « démissionne » donc pas de la Légion d'honneur.

Les insignes

Les insignes permettent de reconnaître immédiatement l'appartenance à l'ordre et le grade du détenteur. Ils sont régis très strictement par le Code de 1962. C'est un symbole fort et ce n'est pas un hasard si *le port illégal de l'insigne de la Légion d'honneur est puni par le code pénal d'un an d'emprisonnement et 15 000 euros d'amende.*

Dans tous les insignes, on trouve le ruban moiré rouge qui permet de reconnaître immédiatement la Légion d'honneur.

La « croix » des chevaliers (en argent), et des officiers (en vermeil) a un diamètre de 40 mm ; elle est suspendue à un ruban simple ; le ruban des officiers est orné d'une rosette dans le même tissu. Ces deux insignes se portent sur le côté gauche de la poitrine.

La « croix » des commandeurs (en vermeil) doit avoir 60 mm de diamètre et se porte en sautoir.

Les grands officiers portent, en plus de la croix d'officier, une plaque de 90 mm de diamètre diamantée tout argent sur le côté *droit* de la poitrine.

Les grand' croix, eux, portent en écharpe un ruban rouge de 10 cm passant sur l'épaule droite auquel est suspendue une croix (en vermeil) de 70 mm de diamètre. Ils arborent en plus une plaque en vermeil de 90 mm sur le côté *gauche* de la poitrine.

En tenue de ville, les chevaliers portent à la boutonnière le ruban, les officiers la rosette, les commandeurs et les dignitaires la rosette sur demi-nœuds (demi-nœuds argent pour les commandeurs, un en argent et l'autre en or pour les grands officiers, les deux en or pour les grands' croix).

Il est d'usage pour les civils comme pour les militaires de porter la médaille pendante lors des cérémonies officielles, des remises de décorations, des assemblées générales des membres de la Légion d'honneur et des obsèques de légionnaires.

Le port de l'insigne en tenue civile n'est pas obligatoire. Il est néanmoins fortement recommandé, car il rend la Légion d'honneur visible et reconnue dans la nation et on peut ajouter que le légionnaire se sent ainsi profondément responsable de l'honneur qui lui a été fait, de la grande tradition dont il fait partie et de l'exemplarité dont il doit faire preuve.

Jean-Jacques Rousseau exprimait cette idée dès 1782 dans ses « *Considérations sur le gouvernement de Pologne* » lorsqu'il écrivait : « *Je voudrais que tous les grades, tous les emplois, toutes les récompenses honorifiques, se marquassent par des signes extérieurs, qu'il ne fût jamais permis à un homme en place de marcher incognito, afin que le peuple le respectât toujours et qu'il se respectât toujours lui-même.* »

Port des différents grades de la Légion d'Honneur

Brevet

Le nouveau légionnaire ou le nouveau promu reçoit, quelques temps après la cérémonie de remise, un brevet signé par le président de la République, le grand chancelier et le secrétaire général de la chancellerie. Ce document trône traditionnellement au domicile du légionnaire.

Traitement et avantages

Les **militaires** membres de la légion d'honneur perçoivent un traitement, qu'il faut bien qualifier de symbolique :

En 2009, cette rente <u>annuelle</u> était de :

- chevalier : 6,10 €
- officier : 9,15 €
- commandeur : 12,20 €
- grand officier : 24,39 €
- grand-croix : 36,59 €.

La plupart de ces légionnaires abandonnent cette somme à la « Société de membres de la Légion d'honneur » ou à l'Office national des anciens combattants et victimes de guerre.
Les décorés civils n'ont pas droit à cette rente.

Autre avantage, les filles, petites-filles et arrière-petites-filles des légionnaires peuvent être admises dans les Maisons d'éducation de la Légion d'honneur, comme on le verra plus loin.

Enfin, l'appartenance à la Légion d'honneur est mentionnée dans les documents officiels.

Honneurs et préséance

La Légion d'honneur est le premier ordre national et occupe la première place dans l'ordre protocolaire, donc avant l'ordre de la Libération, la Médaille militaire et l'ordre national du Mérite.

Si le légionnaire porte plusieurs décorations, l'insigne de la Légion d'honneur est placé le plus à gauche, c'est-à-dire le premier dans l'ordre classique de la lecture de gauche à droite.

Pour la même raison, le drapeau de la Légion d'honneur est toujours le premier aux cérémonies officielles.

En revanche, il faut corriger une idée fausse qui a parfois mené à des abus : la Légion d'honneur ne donne pas, en soi, droit au drap tricolore sur le cercueil du défunt. Seuls les anciens combattants titulaires de la carte du combattant, de la carte du combattant volontaire de la Résistance ou du titre de reconnaissance de la Nation, les réfractaires du Service du travail obligatoire (STO) ayant obtenu la médaille commémorative française de la guerre 1939-45, ainsi que les civils, fonctionnaires de la police nationale et sapeurs-pompiers tués dans l'accomplissement de leur devoir et au cours de circonstances exceptionnelles ont droit à cet honneur funèbre si hautement symbolique. (Voir J.O. du 10 mai 2011 p. 4830)

Discipline

La Légion d'honneur ne badine pas avec l'honneur.

Les peines prévues sont :

- la censure prononcée par arrêté du grand chancelier
- la suspension totale ou partielle des droits, prérogatives et éventuellement l'arrêt du traitement attachés à la qualité de légionnaire, prononcée par décret du président de la République
- l'exclusion de l'ordre, laquelle est automatique pour les membres condamnés pour crime ou à une peine d'emprisonnement sans sursis égale ou supérieure à un an, est prononcée par décret du président de la République.

Ces peines peuvent être prises contre tout membre ayant commis un acte contraire à l'honneur.

La suspension ou l'exclusion d'un légionnaire est publiée au Journal officiel comme l'avait été sa nomination

Les autorités sont tenues d'informer le grand chancelier de toute faute grave commise par un légionnaire.

N.B. : Les étrangers décorés ne peuvent être radiés de l'ordre, puisqu'ils n'en sont pas membres, voir ci-dessous, mais ils peuvent faire l'objet d'un retrait de leur décoration.

Cas des étrangers

Les articles R.16 et R.17 du code de la Légion d'honneur semblent en contradiction avec la décoration remise à des étrangers ayant rendu des services importants ou ayant soutenu l'action de la France. Ceux-ci peuvent, en effet, recevoir la plus haute décoration française au grade qui convient à leur position et à leur action.

Mais **les décorés étrangers ne sont pas membres de l'ordre** et la remise de décoration n'est pas accompagnée d'une cérémonie de réception officielle. Il n'y a donc pas de conflit entre ces décorations et le règlement de l'ordre pour les citoyens français.

Les nominations concernant les chefs d'état étrangers, leurs collaborateurs, ainsi que les membres de leur corps diplomatique ne dépendent que du président de la République, grand maître de l'ordre, qui se contente d'en aviser la grande chancellerie, contrairement aux autres nominations à titre étranger qui doivent être validées par le grand chancelier.

Environ 400 étrangers reçoivent la Légion d'honneur chaque année.

Chose importante, les décorés étrangers sont soumis aux mêmes règles de discipline que les légionnaires français. Ils ne peuvent être radiés de l'ordre, puisqu'ils n'en sont pas membres, mais ils peuvent faire l'objet d'un retrait de leur décoration décidée par le grand maître.

Évolution récente de l'ordre de la Légion d'honneur

Les effectifs

La représentation socioprofessionnelle des civils était en 2002, pour le bicentenaire de l'ordre, la suivante :

- Équipement, transports, logement, tourisme : **5%**
- Sports, Arts et Lettres : **8%**
- Élus locaux, responsables syndicaux : **10%**
- Secteur médico-social, solidarité : **13%**
- Secteur économique : **25%**
- Secteur public : **30%**
- Divers : **9%**

Cette représentation paraissait équitable à l'époque, puisque, en 1998, la grande chancellerie pouvait affirmer : « *Aucune des 105 catégories socioprofessionnelles n'a 0% de promus, c'est dire que l'ordre pénètre bien dans toutes les profondeurs de la société française* ».

Mais le problème principal, comme on l'a vu plus haut, est la diminution inquiétante des effectifs depuis le Code de 1962, lequel visait à ramener pour l'an 2000 le nombre de légionnaires à 125 000 et, implicitement, à le maintenir à ce niveau.

Or, les membres de la Légion d'honneur ne sont plus aujourd'hui que 93 000, voire 92 000 selon les toutes dernières estimations, alors que la population française a augmenté.

Pour pallier cette baisse, on a progressivement et assez profondément modifié les secteurs de nomination et même certains des articles du code de la Légion d'honneur au cours des dernières années.

Les nominations

En 2013, le conseil de l'ordre a examiné 3700 propositions et, après examen, 2951 personnes ont été admises dont :

- 79% au grade de chevalier
- 37% à titre militaire
- 63% à titre civil.
    - 30% pour les activités économiques
    - 20% pour la fonction publique
    - 16% pour l'enseignement et la recherche
    - 13% pour le domaine santé-social-humanitaire
    - 08% pour les élus
    - 06% pour la culture et la communication
    - 07% pour les anciens combattants, les représentants des cultes et les sportifs.

Même si la comparaison entre ces chiffres portant sur un an et le bilan de 2002, ci-dessus, n'est pas facile, car le classement n'est pas tout à fait le même, on est frappé par les constantes et on voit que les personnes les plus médiatisées, la culture et la communication ainsi que les sportifs, forment un groupe relativement restreint contrairement à ce qu'on entend parfois.

La conjoncture change d'une année sur l'autre.

Pour prendre un exemple évident, il y a davantage de sportifs récompensés une année de Jeux olympiques, surtout si la France remporte, cette année-là, beaucoup de médailles. Parce que, dans ces domaines, les récipiendaires sont connus, on a l'impression que ces secteurs sont privilégiés. En fait, ce n'est guère le cas. Et il est indéniable que les médaillés d'or acquises aux J.O. par exemple, ont bel et bien des mérites <u>éminents</u>.

Les nominations et promotions s'adaptent donc annuellement aux circonstances, tout en respectant le contingent alloué à chaque ministère.

Les femmes et la parité

Une lente progression

Il faut rappeler que les premières femmes sont entrées dans la Légion d'honneur sous le Second Empire.

Elles restent très peu nombreuses jusqu'à la Grande guerre. Il faut y voir les conséquences de la place traditionnelle de la femme dans la société française et la difficulté de remplir la condition d'accès de 20 années de carrière civile, assorties de mérites éminents, à une époque où tout encourageait les femmes à rester à la maison et à « ne pas faire trop d'études ». La liste des préjugés est bien connue.

D'autre part, peu de légionnaires femmes obtiennent une promotion dans l'ordre. Il faut attendre 1894 pour que Rosa Bonheur, peintre et sculptrice, devienne la première femme officier de la Légion d'honneur.

En 1912, il n'y avait que 8 femmes dans la Légion d'honneur.

Mais les choses n'allaient pas tarder à évoluer :

- À la suite de la première guerre mondiale, au cours de laquelle les femmes occupèrent des postes et des emplois traditionnellement réservés aux hommes, un millier d'entre elles reçurent la croix de la Légion d'honneur pour leur rôle pendant le conflit.
- Dans l'entre-deux-guerres, on voit entrer des sportives, des aviatrices etc. L'émancipation de la femme française est en marche.
- Des promotions suivent logiquement : la poétesse Anna de Noailles devient la première femme commandeur en 1931.
- La tendance s'accentue avec la seconde guerre mondiale et le droit de vote des femmes en 1944.
- L'écrivain Colette est promue au grade de grand officier en 1953.
- Enfin, la déportée résistante Geneviève de Gaulle-Anthonioz, initiatrice de la première loi sur la pauvreté, sera, le 16 février 1998, la première femme élevée au rang suprême de Grand'croix de la Légion d'honneur.

Source gallica.bnf.fr / Bibliothèque nationale de France

Cette gravure ancienne montre bien la diversité des femmes décorées au sortir de la Grande Guerre.

Divers efforts avaient été faits pour augmenter progressivement le nombre de femmes dans la Légion d'honneur. On était arrivé à une proportion de femmes de 20% dans les nominations, progression lente mais réelle, due à diverses incitations des présidents de la République à rechercher des dossiers de femmes dignes d'appartenir à l'ordre et remplissant les conditions statutaires.

La parité imposée

Le 1er janvier 2008, Nicolas Sarkozy, président de la République, grand maître de l'Ordre, refuse de signer les nominations parce que la parité hommes/femmes n'était pas respectée dans les promotions civiles. Les propositions sont retournées à la grande chancellerie afin d'être réexaminées.

Depuis lors, le principe de la parité est respecté, mais les conséquences de cette décision radicale sont évidentes.

Dans l'incapacité de trouver assez de dossiers de femmes, la seule solution était de limiter le nombre total de propositions au double du nombre des dossiers de femmes remplissant les conditions nécessaires. Car, bien entendu, il n'était pas question d'avaliser des dossiers trop insuffisants pour augmenter le nombre de femmes et on ne pouvait pas non plus ajourner trop de dossiers d'hommes pour respecter la règle des 50%, alors que ceux-ci avaient été jugés dignes de la Légion d'honneur en un premier temps.

Le résultat est que le volume des nominations a été réduit, depuis 2008, de 20 à 30%.

Finalement, on a assoupli les règles en acceptant le principe de flexibilité des taux entre les ministères. Chacun sait que les ministères de l'Éducation nationale, de la Santé et de la Justice comptent environ 65% de femmes, alors que, pour les autres, les proportions oscillent entre 10 à 30%.

Mais cela ne suffit toujours pas.

Souvenons-nous qu'il faut un minimum de 20 ans de services éminents pour entrer dans la Légion d'honneur. L'âge moyen d'entrée dans le premier ordre national est de 57 ans. Les femmes décorées aujourd'hui sont donc nées à la fin des années 50 ou au début des années 60. La place et les choix des filles dans les études, la place des femmes dans le monde professionnel, n'étaient pas la même qu'aujourd'hui. Celles qui ont « percé » ont dû faire preuve de plus de volonté et de qualités intrinsèques que leurs homologues masculins. Combien de promotions, dans le monde de l'entreprise, ont échappé aux femmes, parce qu'un jour « elles auraient des enfants et seraient moins disponibles que les hommes » ?

Aujourd'hui, elles sont de plus en plus nombreuses à faire des études longues, à accéder à des postes importants, à créer leur entreprise, à pénétrer des domaines jusqu'alors réservés aux hommes. Les lois ont évolué en leur faveur et les protègent de mieux en mieux contre les discriminations sexistes.

Cette évolution amènera inévitablement à l'avenir l'accession de plus en plus de femmes à la Légion d'honneur et chacun s'en réjouit.

Mais imposer du jour au lendemain un quota global strict de 50% de femmes dans la Légion d'honneur était quelque peu hâtif, car notre ordre repose sur le mérite individuel, et les mérites éminents récompensés ont été acquis à une époque donnée, et non pas au moment de l'entrée dans l'ordre. D'où la difficulté d'imposer un quota de 50% qui devrait refléter la société française d'aujourd'hui à des carrières qui se sont déroulées lors des trois décennies précédentes.

La société française évolue indubitablement dans le bon sens. Pourquoi ne pas avoir simplement fortement incité les ministères à porter une attention particulière aux mérites des femmes et avoir ainsi accompagné l'évolution naturelle de la société ?

L'initiative citoyenne

Une nouvelle procédure dite « initiative citoyenne », partie d'une lettre du président de la République Nicolas Sarkozy au Premier ministre en date du 11 juillet 2008, permet désormais à tout citoyen de proposer le nom d'une personne qu'il estime digne d'entrer dans la Légion d'honneur (ou dans l'ordre national du Mérite) au préfet du département dans lequel réside celle-ci.

Si cette proposition est soutenue par la signature de 50 personnes, elle doit obligatoirement être examinée par le préfet qui doit alors faire procéder aux enquêtes statutaires et, s'il estime la démarche recevable, la transmettre au ministre de tutelle et au grand chancelier.

L'ensemble de la procédure dure en moyenne 6 mois.

À l'époque de Facebook, de Twitter et autres réseaux sociaux, réunir 50 signatures ne doit pas être trop difficile pour certains et on frémit quelque peu à l'idée de l'inflation de propositions qui pourrait s'ensuivre. On devine aussi le risque de faciliter l'accès des « gens de réseaux ».

Heureusement, on peut faire confiance à la grande chancellerie pour soumettre les dossiers de proposition à un examen attentif afin d'éviter les éventuels abus.

Chose très positive néanmoins, l'initiative citoyenne va aussi favoriser l'accession à la Légion d'honneur de gens particulièrement dévoués et souvent d'origine modeste qui dirigent et animent les très nombreuses associations de notre pays et dans lesquelles, faut-il ajouter, on compte une majorité de femmes des plus méritantes.

Voilà qui devrait concourir à respecter le principe de parité.

Accès direct à un grade ou à une dignité

On se souvient que l'article R.17 du code de la Légion d'honneur précise que *« nul ne peut accéder à la Légion d'honneur dans un grade supérieur à celui de chevalier »*.

Certes, lors des toutes premières distributions de croix, par lesquelles il fallait créer les structures hiérarchiques de la toute nouvelle Légion d'honneur, l'Empereur avait nommé des hommes directement aux différents grades.

En 1962, le même phénomène s'était d'ailleurs produit lors de la création de l'ordre national du Mérite.

Mises à part ces deux courtes périodes, et on l'a vu écrit dans tous les codes depuis 1816, l'entrée dans la légion d'honneur se faisait obligatoirement au grade de chevalier.

Le but était de montrer qu'entrer dans le premier ordre national était un honneur prestigieux et que le chevalier pouvait et devait tout faire pour acquérir des mérites nouveaux, susceptibles, à terme, de le faire accéder aux grades supérieurs. Cette philosophie a été, depuis l'origine de l'ordre, un moteur puissant de motivation et d'émulation pour les légionnaires et un bienfait pour la société française.

Par le décret du 21 novembre 2008, l'article R.17 est modifié profondément, puisqu'il est complété par les deux alinéas suivants :
« *Toutefois, des nominations directes aux grades d'officier et de commandeur ainsi qu'à la dignité de grand officier peuvent intervenir, dans les conditions fixées à l'article R. 32-1, afin de récompenser des carrières hors du commun, tant par leur durée que par l'éminence des services rendus.*
La dignité de grand officier appartient de plein droit aux anciens premiers ministres qui ont exercé leurs fonctions durant deux années au moins. »
Afin d'éviter la contradiction entre la forme péremptoire du code de 1962 où l'expression « *nul ne peut...* » ne s'accommode guère du « *toutefois* » qui suit, l'article vient d'être légèrement modifié par le décret du 21 novembre 2018, l'article R.17 est devenu : « *L'accès à la Légion d'honneur se fait par le grade de chevalier* »

Carrières hors du commun
Certes, peu de personnes sont concernées « *Ces nominations interviennent dans la limite de 2% de chaque contingent annuel correspondant en ce qui concerne les grades d'officier et de commandeur et dans la limite d'une nomination par an en ce qui concerne la dignité de grand officier.* »

La première personne à être nommée directement grand officier fut Madame Simone Veil en 2008. Elle sera ensuite promue grand'croix en 2012. Elle avait crânement décliné la Légion d'honneur qui devait lui être accordée en tant qu'ancienne déportée, arguant qu'être victime n'est pas un mérite individuel.

Anciens premiers ministres
La nomination « de plein droit » des anciens premiers ministres ayant exercé cette fonction pendant deux ans, qui fait l'objet du deuxième alinéa, va dans le même sens. Il n'en reste pas moins qu'elle va à l'encontre des principes mêmes qui ont si longtemps régi notre ordre :

- Elle est **automatique**, donc, elle échappe :
  - o à la règle des 20 ans de services assortis de mérites éminents
  - o au contrôle de la grande chancellerie et du conseil de l'ordre
  - o à l'interdiction de la nomination des politiques pendant l'exercice de leur mandat, ce qui avait été un principe de toutes les républiques depuis la fin du second Empire.
- Elle n'est liée qu'à une **durée** de fonction, pas à des **mérites** personnels et éminents.

La seule nomination de droit à un grade autre que chevalier concernait jusqu'ici le président de la République, grand maître de l'ordre, lequel est élu personnellement au suffrage universel, ce qui n'est pas le cas des Premiers ministres en tant que tels.

Fallait-il modifier aussi hâtivement la philosophie et les principes de la nomination dans la Légion d'honneur ? La question mérite d'être posée.

<u>Accès direct à un grade à titre posthume</u>

Le sacrifice du lieutenant-colonel de gendarmerie Arnaud Beltrame, qui fut lâchement assassiné par un terroriste le 23 mars 2018, après avoir pris volontairement la place d'une femme prise en otage à Trèbes, a entraîné une nouvelle étape dans l'évolution récente de la Légion d'honneur.

La modification de l'article R.17 du code de la Légion d'honneur citée plus haut a conduit le président Macron, grand maître de l'ordre, à nommer ce brillant officier, qui n'était pas encore légionnaire, directement au plus haut des trois grades, celui de commandeur.

C'était la première fois qu'une nomination directe se faisait à titre posthume.

Certes, on ne pouvait trouver exemple plus digne pour compléter les modifications du processus de nomination.

Force est néanmoins de constater que cette initiative conduira inévitablement à établir une échelle de valeurs entre les sacrifices, ce que la code avait toujours sagement évité.

Nouvelle réduction du nombre de légionnaires

Le 21 janvier 2018 paraissait le décret n°2018-26 fixant les contingents de croix de la Légion d'honneur pour la période **2018-2020** :

- Le contingent civil annuel est limité à 4 grand'croix, 8 grands officiers, 34 commandeurs 164 officiers et 1290 chevaliers, soit un total de 1 500.
- Le contingent militaire est fixé à 3 grand' croix, 6 grands officiers, 50 commandeurs, 226 officiers et 815 chevaliers, soit un total de 1 100,

dont 100 croix destinées à des anciens combattants justifiant, pour 1939-1945 d'un fait de guerre ou citation au titre de cette période, pour les anciens TOE ou AFN de la Médaille militaire et de deux blessures de guerre ou citations.

Le contingent annuel total passe donc à 2600 décorés. Pour mémoire, ils étaient de 3 000 environ auparavant.

Rappelons, comme cela été annoncé plus haut, que la promotion civile de Pâques a été supprimée en 2018.

Au regard de la grande histoire de la Légion d'honneur, ce ne sont là que modifications mineures qui n'entachent en rien le renom d'une institution qui a su perdurer sans perdre son immense prestige. Elles visent à adapter l'ordre aux changements de société et, pour les dernières, à relever le prestige de l'ordre.

Il faudra néanmoins toujours garder à l'esprit que le fondement même de la Légion d'honneur est la récompense des mérites éminents d'une personne donnée par son entrée dans le premier ordre national puis, sous réserve de mérites éminents nouveaux dûment reconnus, sa promotion à un grade supérieur.

Conclusion

La Légion d'honneur célèbre cette année ses 216 ans d'existence.

Elle a tenu le cap à travers les tourbillons de l'Histoire, parce qu'elle est universelle et symbolise la reconnaissance de la Nation envers les meilleurs éléments de ses forces vives et ce, dans tous les domaines et pour tous les mérites, tous les talents, tous les dévouements, tous les héroïsmes.

Elle a su s'adapter sans jamais se dénaturer, en gardant, sous les fastes nécessaires à son éclat, son caractère profondément démocratique qui en a fait un modèle pour nombre de distinctions étrangères.

Les légionnaires partagent tous les mêmes valeurs fondamentales, ce que traduisent les notions d'honneur et de mérites éminents, et ils sont unis par une camaraderie franche et sincère qui dépasse les distances sociales et les grades dans la Légion d'honneur.

Car ils présentent tous, quelle que soit leur place dans la société, ces points communs essentiels que sont l'amour de la France, le sens civique, la loyauté, le dépassement de soi, la volonté, le courage, la persévérance, le désintéressement, le dévouement envers les autres, la passion du métier qu'ils se sont choisi, les compétences qu'ils ont mises au service du pays.

Les membres de la Légion d'honneur se sentent tous profondément investis du devoir de se montrer dignes de l'immense honneur qui leur a été fait, dignes des valeurs véhiculées par leur ordre et dignes de la longue lignée de ceux qui les ont précédés.

LA S.E.M.L.H.

Origines

La Société d'entraide des membres de la Légion d'honneur (SEMLH) est née d'une idée de Jules Renault, mobilisé comme officier d'infanterie pendant la Grande Guerre et devenu fonctionnaire à la grande chancellerie, qui, de par ses fonctions, s'était rendu compte que de trop nombreux légionnaires rentrés chez eux dans un pays appauvri et souvent dévasté, vivaient dans une misère indigne de leurs mérites.

Le but que s'était fixé Jules Renault était « *de faire revivre, au lendemain de la Grande Guerre, les anciennes cohortes de la Légion sous forme de sections provinciales, coloniales, étrangères, rétablir la cohésion primitive entre les membres de l'ordre, leur assurer en cas de besoin, aide et assistance, les rendre solidaires pour travailler, dans toutes les branches de l'activité à la gloire de l'ordre, au progrès, à la prospérité nationale, à la grandeur de la Patrie.* »

Il soumit son idée au général Dubail, grand chancelier.

Le général, aussitôt séduit par cette entreprise généreuse, s'entoura de conseils éclairés et, le 26 septembre 1921, les statuts de la « *Société de la Légion d'honneur* » étaient approuvés par le président de la République, Alexandre Millerand, qui accepta d'en être le président d'honneur. Le recteur Appel en fut le premier président.

Le 27 mars 1922, la Société était reconnue d'utilité publique, mais ses statuts subissaient deux modifications mineures :

- la Société était placée sous le « *haut patronage* » de la Grande Chancellerie et non sous sa « *direction* »
- son titre devenait « *Société d'entraide des membres de la Légion d'honneur* ».

Missions

La SEMLH est une Association régie par la Loi de 1901. Elle est présente sur tout le territoire national où elle est organisée en **sections** (départementales) et en **comités** (d'arrondissement). Avec ses 60 000 adhérents, elle est le corps vivant de la Légion d'honneur, le relais indispensable de la grande chancellerie sur le terrain. Elle est composée de **membres titulaires** (les légionnaires) et de **membres associés** (veuves et veufs de légionnaires).

Ses statuts lui donnent deux missions principales : le prestige de l'ordre et l'entraide.

Le prestige de l'ordre

Elle assure la présence du drapeau de la section ou du comité aux commémorations nationales, aux manifestations patriotiques, aux cérémonies de réception dans l'ordre, aux obsèques de ses membres.

Elle organise ou soutient les initiatives locales ou nationales concourant au prestige du premier ordre national.

Il existe, depuis 1991, un Prix littéraire de la SEMLH, décerné annuellement par un jury exceptionnel qui comprend notamment trois membres de l'Académie française.

Sa revue trimestrielle « *La Cohorte* » contribue tant au prestige de l'ordre qu'à l'information de ses membres et du public.

L'entraide

Parce qu'elle est composée d'hommes et de femmes qui ont été admis dans l'ordre en raison de leurs « mérites éminents », la SEMLH possède de facto un esprit de corps qui l'amène tout naturellement à l'entraide.

Les manifestations de cette entraide sont d'abord d'ordre affectif (visites aux malades, aux isolés, aux plus âgés), mais aussi d'ordre administratif (aide pour les démarches auprès des administrations, recherche d'emploi etc.), d'ordre culturel en organisant visites et voyages et d'ordre financier (allocations d'entraide, de décès, bourses, prêts d'honneur etc.).

Il faut ajouter à cela la gestion de deux résidences de repos et de vacances : le château du Val à Saint-Germain-en-Laye et la résidence Costeur-Solviane à Saint-Raphaël, qui proviennent de legs faits à la SEMLH.

La Société d'entraide des Membres de la Légion d'honneur représente et rend visible l'ordre sur le terrain, auprès des autorités françaises et étrangères, de l'administration, des sociétés patriotiques, et surtout du grand public.

Héritière modeste des cohortes napoléoniennes qui devaient assurer aux légionnaires des moyens d'existence dignes de leur distinction, mais qui n'avaient guère dépassé le stade des intentions louables, la SEMLH travaille au quotidien à aider ses membres qui sont dans le besoin ou dans l'affliction et à maintenir le prestige de la Légion d'honneur.

LA S.M.L.H.

En 2012, la Société d'entraide des membres de la Légion d'honneur (SEMLH) a adopté, pour ses quatre-vingt-dix ans, de nouveaux statuts.

Elle devient officiellement la **Société des membres de la Légion d'honneur (SMLH)**.

Sa devise est « **Honneur-Patrie-Solidarité** ».

Ses buts ont été élargis et précisés :

- concourir au prestige de l'ordre national de la Légion d'honneur et contribuer au rayonnement des valeurs et de la culture de la France sur le territoire national comme à l'étranger
- promouvoir, dans la société française, les valeurs incarnées par la Légion d'honneur et contribuer au développement de l'esprit civique et patriotique, notamment par des actions éducatives auprès de la jeunesse
- participer à des activités ou des actions de solidarité nationale tout en renforçant les liens d'entraide entre les membres.

La SMLH, par l'intermédiaire de « *l'Honneur en Action* », soutient financièrement les projets d'aide à autrui présentés par ses membres.

Voir le site http://www.lhonneurenaction.fr

L'activité de la SMLH est détaillée dans une revue trimestrielle de haute tenue : « La Cohorte » dont le titre rappelle le grand projet social de Napoléon 1er pour ses légionnaires.

Aujourd'hui, environ 60% des légionnaires adhèrent à la SMLH.

Vous trouverez d'autres détails sur le site Internet de l'association www.smlh.fr

Ainsi, sans renoncer à l'entraide envers ses membres dans le besoin, ce qui avait été le but essentiel des fondateurs de la Société d'entraide des membres de la Légion d'honneur, la Société des membres de la Légion d'honneur se tourne résolument vers l'avenir en élargissant son action à la France et au monde.

la Cohorte
Magazine trimestriel de la SMLH. Numéro 214 - Novembre 2013 - 4,00 €
SMLH
SOCIETE DES MEMBRES
DE LA LEGION D'HONNEUR
Portrait
MICHEL BOUQUET
Un héros très discret
Tendances
LA GUERRE DES DONNÉES
Enjeux
SECTION DU RHÔNE
La science de l'engagement
Numéro 214
NOVEMBRE 2013
4,00 €
www.smlh.fr

LES MAISONS D'EDUCATION DE LA LÉGION D'HONNEUR

Comme nous l'avions signalé plus haut, il n'existe plus que deux des Maisons d'éducation de la Légion d'honneur créées par Napoléon 1er dès 1805. Elles sont placées sous l'autorité du grand chancelier.

La maison de Saint-Denis

La Maison de Saint-Denis, adossée à la basilique-cathédrale où reposent les dépouilles des Rois de France, comporte une demeure abbatiale, fondée sous Dagobert, mais reconstruite au XVIIIème siècle par les Bénédictins, et un bâtiment très moderne situé dans l'ancien potager des moines.

C'est un lycée public qui abrite plus de 500 jeunes filles de la classe de seconde aux classes post-baccalauréat (Hypokhâgne et Khâgne, B.T.S. de Commerce international).

La Maison des Loges

La Maison des Loges, sise dans un ancien couvent des Augustins au cœur de la Forêt de Saint-Germain, abrite environ 500 jeunes filles de la sixième à la troisième.

Ces deux maisons d'éducation sont des établissements, **publics** depuis 1880, ouverts aux filles, petites-filles et arrière-petites-filles de membres de la Légion d'honneur et, depuis 2008, de membres de la médaille militaire, de l'ordre national du Mérite ainsi que les filles et petites-filles de légionnaires étrangers. Les orphelines ont naturellement priorité.

Les élèves sont souvent issues de familles dont les parents sont éloignés par leur profession (diplomates, militaires, etc.), mais aussi de familles aux revenus très modestes. Un système généreux de bourses fait que nulle ne peut être refusée pour des raisons pécuniaires.

Les Maisons sont gérées par le grand chancelier de la Légion d'honneur.

Les chefs d'établissement sont une « *surintendante* » pour Saint-Denis et une « *intendante générale* » sous l'autorité de la surintendante pour la Maison des Loges. Issues de l'Éducation nationale, elles sont nommées par décret.

Les personnels enseignants sont détachés du ministère de l'Éducation nationale. Bien entendu, l'enseignement qu'ils dispensent suit rigoureusement les programmes officiels.

Les professeurs sont secondés, pour le suivi pédagogique, par des « chargées d'éducation », héritières des « dames éducatrices » de l'époque napoléonienne.

Les traditions y sont respectées :

- internat obligatoire
- port obligatoire de l'uniforme à l'intérieur de l'établissement
- une éducation morale dont le Code dit « *qu'elle a pour but d'inspirer aux élèves l'amour de la patrie et de la liberté ainsi que le sens de leurs devoirs civiques et familiaux et de les préparer, par leur instruction et la formation de leur caractère, à s'assurer une existence digne et indépendante.* » (R.122)
- Concert du président de la République
- Cérémonie de distribution des prix, etc.

Les Maisons de la Légion d'honneur sont des établissements d'excellence – leurs résultats sont de 100% de réussite au baccalauréat dont 96% avec mention et plus de la moitié avec mention « Très bien » – non par une sélection d'origine sociale, puisque, en sixième, la majorité des candidates est admise, mais par le travail qu'on y accomplit, l'éducation et les valeurs qu'on y inculque.

Pour plus de détails, consulter le site des maisons d'éducation de la Légion d'honneur

Table des matières

9 781791 921095